Sudamérica sobre ruedas

Sudamérica sobre ruedas

Sin pausa pero sin prisa

Rafel Tornabell

Plataforma Editorial
Barcelona

Primera edición en esta colección: mayo de 2011

© Rafel Tornabell, 2011 (texto y fotografías)
© de la presente edición: Plataforma Editorial, 2011

Plataforma Editorial
c/ Muntaner, 231, 4-1B – 08021 Barcelona
Tel.: (+34) 93 494 79 99 – Fax: (+34) 93 419 23 14
www.plataformaeditorial.com
info@plataformaeditorial.com

Depósito legal: B. 12.623-2011
ISBN: 978-84-15115-07-6
Printed in Spain – Impreso en España

Diseño de cubierta:
Utopikka
www.utopikka.com

Fotocomposición:
Grafime. Mallorca, 1 – 08014 Barcelona
www.grafime.com

El papel que se ha utilizado para imprimir este libro proviene
de explotaciones forestales controladas, donde se respetan
los valores ecológicos, sociales y de desarrollo sostenible del bosque.

Impresión:
Romanyà-Valls; Verdaguer, 1 – Capellades (Barcelona)
www.romanyavalls.com

A nuestro «ángel de la guarda»,
al que damos mucho trabajo.

Bienaventurados los que no viajan jamás
y los que apenas sienten deseos de conocer países remotos,
ya que ellos gozarán de una vida apacible y llena de regocijo.

Bienaventurados también los amantes de los viajes que en sus períodos
vacacionales recorren brevemente diversos lugares del planeta, pues ello
les aportará enseñanzas enriquecedoras y les colmará de experiencias
dichosas.

Pero ¡ay de aquellos que han osado emprender el Camino del Viajero!
Porque ello no les dejará ni un momento de quietud y les substraerá de los
demás intereses de este mundo; se afanarán únicamente por intentar
satisfacer en vano su insaciable pasión por los viajes y nunca considerarán
haber viajado lo suficiente. A esas almas vagabundas sólo les aguarda
desasosiego e infinita ansiedad por aprender sin cesar sobre todos los
rincones de la Tierra, sobre la naturaleza de los seres que la pueblan,
y sobre el significado de su propia existencia.

JORGE SÁNCHEZ, viajero

Índice

Índice

Prólogo

Nuestra personalidad se puede forjar a base de grandes hechos o de pequeños detalles. Nacimos en una época en que todas las familias eran más o menos numerosas, de padres sacrificados. Crecimos con la ropa, los juguetes y los libros heredados de nuestros hermanos mayores, y de los lujos no conocíamos ni su existencia.

En esa época, a la que me atrevo a llamar «nuestra época», el coche era un artículo de categoría, que marcaba un antes y un después en la vida de toda familia, elevando su estatus social. De hecho, se le presentaba en sociedad el día que llegaba a casa, acudiendo familiares, amigos y vecinos a verlo… Se abrían puertas, ventanas y capó, que dejaba a la vista de todos el motor y daba pie a todo tipo de comentarios. En él viajaba toda la familia, importando poco el número de plazas y junto al equipaje, los juguetes, los bocadillos y, cómo no, la mascota; todo ello dentro del nuevo miembro de la familia, porque en esa época era realmente uno más de la familia, al que se cuidaba, lavaba los fines de semana y mimaba decorándolo horriblemente.

Fiel reflejo de sus propietarios, los coches tenían personalidad propia; eran mucho más que un medio de transporte: eran un icono social que permitía la independencia. Las horas pasadas en su interior, las eternas caravanas que se formaban por aquellas estrechas carreteras, eran en sí la identidad familiar, entre largas siestas, peleas, canciones, chistes y risas que forman parte de nuestra infancia y nuestra vida familiar, todo ello acompañado con los comentarios y los recuerdos de mi padre, cuando conduciendo aquellos precarios coches en los días de lluvia nos decía: «No respiréis, que me empañáis los cristales». O las amenazas cumplidas de: «Al que se porte mal lo encierro en el maletero», y así era: el hermano más alborotador viajaba, hasta llegar a casa, confinado en el maletero.

Uno de esos veranos, cuando íbamos toda la familia de vacaciones con nuestro Citroën 2CV a Jarafuel, un pueblecito de Valencia del que eran originarios nuestros abuelos, en una de las múltiples paradas que hacíamos durante el viaje ocurrió un hecho tan insignificante como trascendente: entró una mosca en el coche. Una mosca vulgar, de esas que se ponen pesadísimas en verano, y que intentaba salir a través del cristal golpeándose repetidamente y haciendo zumbar las alas con gran energía. Había tenido la suerte de sentarme junto a la ventanilla para poder contemplar el paisaje y eso, en una familia numerosa, era todo un logro.

Una distracción me hizo reflexionar más tarde sobre qué iba a ser de aquella mosca que, cuando consiguiese salir del coche, estaría a muchos kilómetros de distancia de «su casa».

Aquella situación empezó a dar vueltas en la cabeza de un niño de apenas diez años; pensé que su familia la estaría buscando y que debía de estar tan desesperada buscando la salida por esa misma razón. Al cabo de un rato me debí volver más práctico, menos sentimental, porque pensé: «Esa mosca, para vivir, sólo necesitaría agua, comida y algún lugar donde cobijarse». Dado que las moscas siempre estaban en las cocinas, agua había en todas partes y, al ser un animalito tan pequeño, no tendría problemas para encontrar refugio, empecé a distraerme con un pensamiento muy básico que me ha acompañado toda la vida: «Si una mosca sólo necesita agua y comida para vivir, y además se puede colar en cualquier vehículo para viajar, ¿por qué nosotros necesitamos tantas cosas?».

Salvando las distancias, por las experiencias adquiridas tras años de viajes y especialmente por la filosofía de vida de Asia, a día de hoy me hago la misma pregunta: «¿Por qué necesitamos tantas cosas?». Esta experiencia la uní a una reflexión muy personal sobre el hecho de que todo animal mamífero, antes de nacer, recibe y transmite una serie de sensaciones en el vientre de su madre (el palpitar del corazón, el calor, los estados de ánimo, el miedo, la tranquilidad, etc.), y que después, guiados por el instinto, encuentran el pezón de su madre y empiezan a alimentar su aventura por la vida. Más tarde, el aprendizaje de la supervivencia, las reglas del «juego» enseñadas por sus progenitores, le permitirán llegar a adulto y cerrar el círculo de la vida, pero siempre con un común denominador: el «hilo» conductor del contacto con sus progenitores y su clan.

Pero, ¿y un huevo, que puede introducirse en una «deshumanizada» incubadora y que, sin recibir ningún tipo de afecto, tan sólo con la temperatura y la humedad adecuadas, pasará de ser una masa viscosa a un polluelo o un pez? Sin haber recibido ningún «sentimiento» por parte de sus progenitores, el nuevo ser romperá el cascarón y el milagro del instinto le mostrará el camino de la supervivencia.

Ese algo invisible, esa «esencia» intangible difícilmente calificable o cuantificable, que en un momento dado genera todo un abanico de sensaciones y reacciones en cascada (que a un polluelo le incita a romper el cascarón para salir y empezar a comer picoteando, sin otro maestro que la propia intuición) es lo que a veces pienso que ha condicionado muchas de las decisiones tomadas a lo largo de mi vida.

Siendo consciente de que la vida es un bien prodigioso, con fecha de caducidad, y que no merece la pena malgastarla con envidias, egoísmos y otras «hierbas», que hacen perder una gran cantidad de energía, tiempo y recursos, la salud y la satisfacción personal podrían ser los grandes pilares de nuestra existencia. A menudo la gente es infeliz pretendiendo ser más feliz, dejando de lado todas esas pequeñas cosas cotidianas que, a la larga, son las que configuran nuestra existencia.

Uno logra tener uno o más hijos, comprar una casa (o tal vez dos) y tener varios coches en el mismo periodo de tiempo, pero todos esos hechos importantes y puntuales no suman, todos juntos, más de sesenta días, y la vida tiene muchísimos más, y cada día es diferente al otro. Saber apreciar un buen día de sol o un desapacible día de invierno, disfrutar la comida diaria o compartir con amigos y familiares esos pequeños detalles cotidianos nos puede satisfacer tanto como la compra de cualquier objeto de moda, que cada cual se podría preguntar si realmente lo necesita, ya que tarde o temprano lo acabarás tirando. Pero todo esto es muy personal; como lo es el hecho de tomar, por unas u otras razones, ciertas decisiones trascendentes para ti mismo y que acaban afectando inevitablemente a los que te rodean.

La decisión de emprender un largo viaje no es un tema fácil, ni estrictamente económico, pues el planteamiento no es el de un simple viaje de ida y vuelta, sino el de convertir el viaje en una manera de vivir; plantearse viajar durante varios años con la esperanza de que se perpetúe en un *modus vivendi*. Existen muchos factores al margen del propio deseo y el anhelo de realizar este sueño que condicionan poder llevarlo a cabo; los más significativos son la añoranza, el peso de la familia (con los mayores en edades frágiles y la pérdida de las complicidades de los más jóvenes), los amigos (que forman parte de tu existencia) y la misma vida diaria, salpicada de gran cantidad de detalles que, por ser repetitivamente cotidianos, pierden su valor real. Y si además el viaje es compartido con la pareja, existe el riesgo evidente de que la buena relación de largos años de convivencia, repartidos entre las escasas horas al término de la jornada y los intensos fines de semana, sufra una importante metamorfosis al compartir las 24 horas del día juntos.

Pero «algo» empuja a dejar la cómoda vida dirigida desde el sillón, cuando pulsando un mando a distancia tienes incluso el control de la estación del año que más te apetezca en ese momento, con calor tropical en invierno, agua caliente a cualquier hora y una despensa llena de caprichos gastronómicos, sin ser conscientes de que lo normal es que no se pueda tener siempre de todo, posiblemente la actual situación económica nos enseñe a vivir con lo necesario para nuestras necesidades, dejando de lado otros codiciosos y materiales objetivos.

Tal vez la diversidad de gustos consiste precisamente en eso, en que a todos no nos mueven las mismas inquietudes, pudiendo ser tan o más felices compartiendo los juegos de los más pequeños en un parque, como contemplando un paisaje en las antípodas. Porque el mundo, aunque cada vez es más pequeño y menos desconocido, también nos brinda la posibilidad de descubrirlo tanto en sus grandes magnificencias como en sus más simples y cotidianas miserias o tesoros.

Al emprender un largo viaje hay que estar predispuesto y con tiempo suficiente, para permitir a los cinco sentidos absorber y digerir todo el aluvión de sensaciones, vivencias y crudezas que existen más allá de donde la gente se entiende con el mismo idioma.

Este relato es la experiencia personal de un viaje por Sudamérica, planteado como la gran asignatura pendiente para quienes sólo conocíamos esa parte del continente americano por los estudios cursados en la escuela —y de eso hace ya demasiados años— o por las noticias que nos llegan con tanta inmediatez como frialdad.

Deseábamos, pues, conocer los diferentes países con su gran diversidad cultural, percibir la realidad, extasiarnos ante sus paisajes, oler sus aromas, sufrir la falta de oxígeno y el frío extremo cuando estuviésemos a más de 4.500 m de altitud, tener la oportunidad de aprender todo aquello que la fría pantalla del PC no nos transmite; vivir en directo todas aquellas sensaciones que nuestros sentidos fueran capaces de absorber como esponjas.

Las despedidas a la hora de emprender la marcha no son, ni mucho menos, el punto de partida de un viaje. Éste empieza a disfrutarse ya durante el tiempo en que lo sueñas, diseñas y planeas; cuando pasas meses enteros ilusionándote con cada nueva información que recopilas y aunque, a la postre, «el mejor plan es no tener ningún plan». Todo ese tiempo de ilusión es, en sí, la fuerza que nos empujará para solventar todos los contratiempos y dificultades antes de la partida.

Una de las incertidumbres que teníamos era que, tras nuestra marcha, pudiéramos conseguir mantener el contacto con los nuestros, familiares y amigos, haciéndoles cómplices de nuestra aventura. Después de contemplar varias posibilidades, nos decidimos por narrar periódicamente unas crónicas, cuya cadencia vendría dada por los acontecimientos que nos fueran sucediendo, de manera que podíamos llegar a escribir tres crónicas en una semana o pasar un mes sin crónica a falta de situaciones destacables que contar. El libro es, pues, una recopilación de estos relatos, escritos con la ingenuidad y la pasión de alguien que desea compartir la experiencia, los sentimientos y descubrimientos con sus seres más allegados.

La gran aventura empezó por Sudamérica, recorriendo con Lola (nuestra furgoneta compañera de viaje) los cerca de 60.000 km de polvorientos caminos que transitaron los primeros habitantes autóctonos y más tarde los conquistadores, y a los que el actual e imparable progreso está dejando pocas posibilidades de conservar el trazado y encanto originales.

Bien, pues todo listo. El sueño anhelado durante largo tiempo se hace realidad. Lola está cargada de ilusiones; arrancamos y ya nos iremos conociendo por el camino…

MARÍA Y RAFA

Empieza la aventura

Los viajes se disfrutan desde el mismo momento que los empiezas a soñar; después, cuando los inicias, es cuando te cautivan y hechizan. Después de decidir el destino del viaje tuvimos que concretar el vehículo con el que lo íbamos a realizar; tenía que reunir una serie de características técnicas que hicieran confortable el viaje, como tracción a las cuatro ruedas, no para hacer un *off road* puro y duro, con paso de dunas, sino para poder circular por los barrizales de Brasil o las pistas de ripio argentinas con más tranquilidad. Un vehículo que no precisara mucho recambio y que, en caso necesario, fuera fácil de encontrar, junto con una mecánica fiable con garantía de muchos kilómetros sin tener que hacer grandes sesiones de mantenimiento y, por último, con suficiente espacio interior para poder instalar una nevera y una cocina, y poder disfrutar de un mínimo espacio confortable (para no tener que comer la sopa sentado al volante, cuando fuera llueve o hay mosquitos).

Hay muchos amigos que se han involucrado en este proyecto, pero Tony de Riba, tal vez sea el que reúna más experiencia, conocimientos e ideas; alguien que casi siempre está donde tiene que estar. Juntos coincidimos en que la decisión final estaba entre mi querido Toyota HDJ80 y una furgoneta VW; después de valorar las dos opciones nos decidimos finalmente por la furgoneta, que, contando con sus limitaciones, tiene una fiabilidad y capacidad garantizadas, en sacrificio de no poder acceder a los lugares más remotos; pero este viaje no es uno de los que realizamos por África, en los que además de necesitar muchas prestaciones de motor y suspensiones, las incomodidades de habitabilidad durante corto espacio de tiempo son más llevaderas.

La compañera de viaje será, pues, una furgoneta VW con diez años de antigüedad y un pequeño motor de 78 CV, del que seguramente mucha gente opinará que tiene muy poca potencia (incluso yo, acostumbrado a correr el Dakar con más de 240 CV bajo el capó), pero analizando la filosofía del viaje estamos seguros de que tenemos más que suficiente, pues lo más importante es tener cubiertas las necesidades básicas diarias: dormir, comer (cocinar), comodidad, fiabilidad, autonomía y, tal vez en los últimos lugares, las características técnicas de motor y las prestaciones; cosas que en los viajes por África estarían total y radicalmente invertidas. La disposición de dos lugares confortables para dormir: uno en la tienda montada en la parte superior (que se utilizará normalmente) y otro en el interior, con los asientos traseros convertidos en cama para los días en que haga mucho frío o lugares donde no sea muy recomendable levantar la tienda superior (fronteras, centro de ciudades, lugares conflictivos, etc.), junto con el resto de comodidades y autonomía, son nuestras grandes bazas para hacer el viaje con los mínimos gastos y un nivel de comodidad más que aceptable.

Por fin llegó el gran día, el 26 de enero de 2006. ¡Ya estamos en marcha! Hacemos los últimos preparativos –siempre hay que «olvidarse» algo, aunque sólo sea por el hecho de empezar a generar incertidumbres– y nos dirigimos al puerto de Barcelona para embarcar a Lola en una larga travesía de 28 días con destino a Buenos Aires (Argentina). Será su última mirada al Viejo Continente antes de que le cerremos las puertas del contenedor, pero no estará sola, tendrá compañía: el Toyota de nuestros amigos Pere y Àngels, que, in extremis, se han animado a acompañarnos los dos primeros meses de esta aventura por Sudamérica.

Cuando estábamos con Carles Fortuny haciendo las últimas revisiones a los depósitos que había adaptado a la furgoneta para aumentar la capacidad de agua y la autonomía de gasoil, fuimos hasta la ferretería de Pere Marco para comprar unos accesorios, comentándole que pasaríamos una larga temporada sin vernos debido a nuestros planes de viaje. Pere, interesándose por dónde iniciaríamos el viaje, me propuso que si empezábamos por Argentina, él y su mujer nos acompañarían en el inicio de la aventura... ¡Esta conversación la tuvimos apenas tres semanas antes del embarque!

Ésta es una de esas apuestas que a priori son de alto riesgo, pues nuestra amistad con Pere se reduce a nuestra coincidencia en la participación en el Rally París-Dakar o en recorrer en algunas ocasiones juntos el norte de África, pero a Àngels, su mujer, ni siquiera la conocíamos personalmente. Cuando comentamos con María la propuesta de Pere, le pareció acertado reunirnos y valorar la posibilidad de compartir el inicio del viaje; los cuatro somos personas adultas, con más o menos experiencia en viajar, pero la convivencia es siempre un sobre cerrado. Disfrutando de una excelente cena en su casa, sentamos unas premisas de conducta y acordamos enfocarlo de una manera muy práctica, tratando nuestra situación como si nos hubiésemos conocido en pleno viaje, coincidiendo en que, ni ellos dejarían de hacer o visitar nada que les apeteciese, ni nosotros modificaríamos nuestra «filosofía» de viaje, de manera que si se producía una situación en la que no coincidíamos y surgían divergencias de criterio o de prioridades, cada uno seguiría «su viaje» e iría por su cuenta, dejando la puerta abierta a reencontrarnos al cabo de unos días.

En un viaje que habíamos planeado y diseñado durante largo tiempo, nos sorprendía la rapidez de decisión por parte de nuestros amigos y, sinceramente, hasta el momento de cerrar el contenedor en el que viajaban los dos vehículos, teníamos nuestras dudas de que se llevase a cabo. Pero no, ellos son personas con palabra y se apuntaron al sueño de descubrir esa asignatura pendiente llamada Sudamérica.

Ya estamos acá

Tras un vuelo directo de trece horas entre Barcelona y Buenos Aires, llegamos a Argentina con el calor de pleno verano austral, y empezamos a sorprendernos por esos pequeños detalles que no salen en las guías ni te los comentan las agencias de viajes: el carácter de la gente, el olor y el color del «nuevo» mundo, pues aunque tengamos muchas cosas en común con la capital porteña, el ambiente es totalmente diferente, con una personalidad propia difícil de explicar.

Teníamos la gran suerte de conocer a Eduardo, que nos vino a recibir al aeropuerto y que durante unos días fue el anfitrión perfecto, por lo que empezamos a conocer la realidad argentina desde dentro, recorriendo los rincones y lugares históricos más destacables, con el criterio personal de un argentino, en vez de hacerlo con los típicos *tours* turísticos.

Nos colmaron de atenciones con su hospitalario carácter y nos dieron una bienvenida a lo grande, llevándonos a su «casa de la isla», un lugar llamado «el tigre», que es una bonita zona en el delta del río Paraná donde no hay tráfico de vehículos y a la que sólo se puede acceder con lancha. De hecho, es un laberinto de canales naturales en los que existen unas villas de ensueño y donde pudimos degustar el primero de una larga lista de sabrosísimos asados argentinos y disfrutar de su hospitalidad entre agradables veladas, paseos en lancha y motos de agua.

A Eduardo le conocimos, junto a su hijo Eduardo Jr., en un rally que se celebró en Rusia a finales del 2001 y, desde entonces, mantuvimos una muy buena relación alternando las coincidencias deportivas con los encuentros provocados, con la excusa de degustar sus sabrosos asados, hasta que por fin pudimos cumplir la promesa de visitar «su isla».

De regreso a la capital, Buenos Aires, tuvimos la oportunidad de confirmar la veracidad de los refranes españoles: «El que tuvo, retuvo». En la capital porteña, se respira señorío y picaresca en cualquier esquina; después de visitar las zonas más emblemáticas de la ciudad nos dirigimos al puerto para iniciar los trámites para «liberar» nuestros vehículos, y allí también descubrimos otra de las realidades no escritas de los viajes: la burocracia, sazonada con un ramillete de picarescas, en un país en que realmente debería de haber una cátedra universitaria para llegar a tal punto de refinamiento, elegancia y persuasión: desde solicitarte una partida de nacimiento compulsada por un notario en España, hasta esperar durante horas un carísimo documento obligatorio (que terminó en la papelera) para poder sacar los vehículos del puerto; pero como todo en esta vida, al final todo tuvo solución, sólo es cuestión de tiempo y alguna cosita más…

Al día siguiente logramos recuperar a Lola y ponernos por fin frente al volante, recorriendo los primeros kilómetros por las calles de Buenos Aires. Un cúmulo de sensaciones difíciles de describir nos invadían, e iban en aumento a cada kilómetro recorrido.

Nos dirigimos al taller de otro gran amigo con el que compartíamos la afición por los rallies, Pablo, magnífico preparador de coches de carreras que nos brindó, además de su hospitalidad, el taller para poder ordenar y repasar los vehículos antes de empezar nuestro periplo hacia el sur. Por cierto, una curiosidad sobre Buenos Aires: la capital porteña se encuentra a la misma latitud que Ciudad del Cabo, en Sudáfrica.

¡Esto es muy grande!

Conseguimos partir de la gran metrópoli con casi toda la documentación en regla; ¡por fin estábamos lanzados a la aventura! La primera impresión es de emoción y entusiasmo al ver que ya estamos en marcha; durante los primeros kilómetros recorridos nos falta tiempo y ojos para acaparar toda la cantidad de cosas nuevas que desfilan ante nuestras pupilas: los camiones, la circulación un tanto anárquica, los pueblos, los ríos, las extensas áreas de cultivo.

Todo ello nos aporta la sensación de que se trata de un gran país. De hecho, 500 km después de salir de Buenos Aires aún se nota su influencia, hasta que poco a poco empieza a dar paso a las grandes extensiones cultivadas y a las zonas rurales, con mucho sabor y autenticidad.

El nivel de vida poco tiene que ver con la calidad de ésta…

La sensación que tuvimos a los pocos días de estar en Argentina fue la de encontrarnos un país con calidad de vida, que apreciamos en los pequeños detalles, como el ritmo diario, mucho más sosegado donde el tiempo no corre a la par de las agujas del reloj; disponer de lugares de recreo; los horarios de colegio, que son muy diferentes a los que estamos acostumbrados en España, pues los niños entran a clase sobre las 7.30 y salen a las 12.30, con las tardes libres para disfrutar entre familiares y amigos.

Pero otra cosa muy diferente es el nivel de vida como lo entendemos en Europa: la posibilidad de tener una buena casa, un coche nuevo y varios créditos, aunque sea a costa de firmar una cadena perpetua económicamente hablando. Aquí tampoco existe la desmesurada presión de la Administración o, por lo menos, hay más posibilidades de «torearla». Evidentemente, aquí se tienen otras particularidades, como las «espectaculares» maneras de circular o la sensación de inseguridad, que por desgracia es una lacra extendida mundialmente, no la encontramos aquí mucho más acentuada —esperamos no tener ocasión de comprobarlo.

Circulando vamos descubriendo otros detalles, como el precio del combustible, la mitad que en España y debido seguramente a que Argentina tiene sus propios recursos petrolíferos. La excelente comida y el agradable trato con las personas, que son extremadamente hospitalarias, nos recuerdan un poco el ambiente que se vivía en España hace treinta años, antes de convertirnos en introvertidos y casi despersonalizados europeos.

Los primeros días circulamos muchos kilómetros diarios, tal vez sea por las ganas de verlo todo, pero poco a poco aprendemos a dosificar la impaciencia. No tardamos en llegar a la Patagonia, en cuya «frontera» hay instalados unos controles sanitarios cuya función es impedir la transmisión de plagas de una región a otra. En nuestro paso a la patagónica, se nos ha incautado toda la fruta que llevábamos y más adelante pudimos comprobar que este tipo de controles sanitarios para la contención de plagas entre provincias son habituales.

Argentina tiene un inmenso territorio donde las enormes distancias cuentan con grandes extensiones de terreno cultivado y ganado. Con estas características, las «fronteras biosanitarias» son las medidas empleadas para intentar aislar las zonas sanitariamente. Otro detalle que nos sorprende de Argentina es la posibilidad de ver muchísimos animales salvajes, algo que más adelante vimos que era común en toda Sudamérica.

Como nos encontramos en el verano austral, las largas jornadas de luz solar nos ayudan a hacer maratonianas etapas iniciales. Circulamos a una velocidad de 90 a 100 km/h; Lola va cargadísima con todos los recambios y víveres (¡incluidos 20 l de aceite de oliva!) que nos trajimos de España.

Con el fuerte viento en contra, Lola consume un 20 % más de combustible –mal vamos– a causa de las antiaerodinámicas ruedas de recambio que llevamos en la parte superior, y hemos pagado la primera novatada menospreciando las largas distancias despobladas de la Pampa argentina: quedarnos sin gasoil, por lo que Pere tiene que hacernos la primera asistencia.

Por el contrario, una de las grandes ventajas de viajar con furgoneta es la independencia y la autonomía: no tenemos necesidad de llegar a ningún sitio en concreto y, al final de cada jornada, disponer de una generosa cocina y de nuestra propia cama nos permite, además, la posibilidad de quedarnos una sola noche o varios días en un mismo lugar si éste nos gusta especialmente por cualquier circunstancia.

Llegamos a la Península Valdés, un parque natural protegido por la UNESCO con gran diversidad de fauna y donde se pueden ver en su hábitat natural grandes colonias de leones marinos, pingüinos, elefantes marinos, focas, armadillos, guanacos, ñadus (avestruz patagónico), flamencos e, incluso, varios tipos de ballenas.

Ruta 3 hacia el sur

Circulando por la Ruta 3, desde Península Valdés y su ciudad más importante, Puerto Madryn, hasta Tierra de Fuego, el fuerte viento se ha convertido, durante las largas jornadas, en nuestro incómodo compañero de viaje. Comodoro Rivadavia, que fue el primer lugar donde se encontró petróleo cuando en realidad se perforaba en busca de agua; o Puerto San Julián, donde el 31 de marzo de 1520 se rezó la primera misa celebrada en suelo argentino por la expedición Hernando de Magallanes, que había partido de Sevilla en 1519 con 265 hombres y 5 barcos, y que al cabo de tres años regresó a España con la fantasmagórica nao *Victoria*, con sólo 18 hombres espectrales que habían logrado la proeza de medirle la cintura al mundo… De ésta y otras proezas de la humanidad tomaremos conciencia durante nuestro viaje, valorando y admirando sobre el terreno las penurias, atrocidades y hazañas con las que la humanidad escribe la historia.

Una réplica de dicha nao *Victoria* se encuentra a escala real en esta ciudad costera, más al sur, atravesando río Gallegos. Las ciudades que nos vamos encontrando son mucho menos pobladas y distantes entre sí; las bonitas viviendas de esta zona están construidas con madera, de una sola planta y excepcionalmente con un primer piso, y las avenidas de los grandes centros urbanos son muy anchas y cuidadas.

Han sido unas larguísimas etapas por un terreno ciertamente hostil y, además, para dirigirnos a Ushuaia, tenemos que cruzar territorio chileno, con el entretenimiento extra que conlleva cruzar dos veces la frontera argentino-chilena.

El viento es una constante en esta zona sur de la Patagonia, muy fuerte en ocasiones, y los tramos de «ripio» (pistas de gravilla) nos hacen pasar algún tiempo extra conduciendo. Además del privilegio de poder hacerlo por la tierra de los antiguos patagones, atravesando vastas zonas de pampa, con la sola compañía de la kilométrica valla metálica que discurre paralela a la carretera, con etapas casi maratonianas de unos 800 km. Pero tenemos que visitar Ushuaia antes de volver a subir hacia el norte hasta llegar a San Martín de los Andes el día 7 de marzo, para ver el inicio del rally «por las pampas», donde coincidiremos con muchos amigos y conocidos: Ferran Marco, el hijo de Pere y Edu Jr. formarán un equipo para competir en dicho rally.

Por otro lado, seguimos sorprendiéndonos de ver una gran cantidad de animales silvestres (zorros, gansos, águilas, las primeras llamas, etc.). La temperatura ha empezado a bajar, pero seguimos teniendo unos días soleados y muy agradables; estamos a finales de febrero y aquí en el hemisferio sur equivaldría al otoño de Europa.

Llegamos a uno de los numerosos lugares históricos, el cual nos hacía mucha ilusión ver y cruzar: el mítico estrecho de Magallanes –una experiencia largamente esperada– para desembarcar al otro lado del estrecho, en Tierra de Fuego. Mojándonos los pies en aguas del estrecho reflexionamos sobre la destreza de los antiguos navegantes con sus barcos de vela, para poder surcar estas aguas sin ningún tipo de cartografía y contra las fortísimas rachas de viento que hay en la región. En realidad, el ser humano nos sorprende casi tanto por sus proezas y habilidades como por sus crueldades.

Desembarcando en la isla de Tierra de Fuego cruzamos la frontera de Chile y nuevamente la de Argentina, en las cuales son muy estrictos con el tema de pasar alimentos frescos (para proteger, una vez más, esta zona de epidemias foráneas). Nos estamos acercando al punto más sureño del continente americano, el cual se está convirtiendo en punto de encuentro de muchos viajeros y trotamundos, que inician aquí su viaje hacia el norte, tal vez hasta Alaska.

Ushuaia, el fin del mundo

¡Hemos llegado! Es increíble, pero ya estamos en Ushuaia, la ciudad más austral del mundo: 54 grados de latitud sur, 68 grados de longitud oeste, en el extremo sur de Sudamérica, capital de Tierra de Fuego... ¡Casi estamos cayéndonos del mapa!

Aquí todos se refieren al «norte» para hablar del resto del mundo... En esta ciudad se pueden tener las cuatro estaciones en un solo día, debido al tiempo imprevisible y cambiante.

Ushuaia, situada en una ladera con pendientes muy pronunciadas y con vistas al canal de Beagle, es una ciudad moderna y muy turística con una amalgama de personajes que van desde la *jet* llegada en lujosos cruceros, hasta trotamundos con mochilas. Es inevitable un escalofrío al imaginarse las condiciones de vida que tuvieron que soportar los primeros reclusos traídos al penal de Ushuaia (llegaron a ser un millar) con una finalidad de «arraigo» y constancia de que los argentinos eran los colonizadores de estas tierras. Guardias y convictos por igual nos cuentan su historia a través del viejo edificio de piedra hoy convertido en museo, junto con el viejo tren de vapor utilizado en el transporte de madera (para producir electricidad y calor), restaurado y transformado en una atracción turística.

Aquí finaliza la gran Ruta 3, que hemos recorrido en su totalidad desde Buenos Aires hasta Bahía Lapataya; son más de 3.000 km con una gran variedad de paisajes, en particular los últimos kilómetros, que transcurren por pistas dentro del Parque Nacional de Tierra de Fuego, espectacular por su naturaleza virgen, ríos y lagos por todas partes y gran cantidad de animales que en este entorno tienen su hábitat.

Lola nos ha llevado en menos de un año del Cabo Norte (Noruega) a Ushuaia (Argentina), y no sé qué pensar, si es que está resultando muy buena y le gusta acompañarnos en los largos viajes, aunque también existe la posibilidad de que esté a punto de rendirse… Nos ha sorprendido ver los bosques moribundos afectados por unas «algas» que no son más que parásitos, que se apropian de los árboles y los destruyen lentamente. Hay grandes extensiones de bosques afectados por esta plaga que amenaza con cambiar totalmente la estética de la zona.

Después de pasar unos días en Ushuaia extasiándonos con los paisajes, nos despedimos con la firme promesa de volver. Para ir hacia el norte, tenemos que deshacer el camino de llegada, hasta el estrecho de Magallanes. Después de un obligado ingreso en Chile (la isla de Tierra de Fuego comparte nacionalidad con Chile y Argentina) la carretera vuelve a discurrir por la impresionante Pampa, con sus desérticas y ventosas rectas, siempre acompañados por los espectaculares cielos.

Nos dirigimos hacia Punta Arenas, donde circulando por una desierta y hostil pista de ripio a muchos kilómetros de ningún sitio, nos encontramos un gaucho con sus dos caballos que refleja la dureza del entorno, con sus rudas ropas, que delataban la vida nada cómoda que llevaba. Paramos para ofrecerle alguna bebida caliente o un cigarrillo para que, por lo menos, un rato de conversación le aliviase algo la soledad en aquellos páramos que parecían no tener fin, y ocurre un hecho de esos que te dejan totalmente perplejo: en un momento dado y con un español que casi costaba descifrar, nos pregunta: «¿Conocen al maestro Rodrigo?», añadiendo más tarde: «¿Aranjuez es una ciudad grande o pequeña?». Dedujimos que ambas preguntas tenían una directa relación con la conocida sinfonía del universal compositor, el *Concierto de Aranjuez*, pero nos dejó boquiabiertos que un solitario gaucho que se dedicaba a cuidar ganado, en medio de la Pampa más dura y hostil, tuviera el conocimiento y la memoria para hacernos tales preguntas.

Llegamos a Punta Arenas, 2.400 km más al sur que Sidney y que, junto con Puerto Natales, denota un pasado esplendoroso no tan lejano. Antes de que se abriera el canal de Suez, todos los navíos transitaban por el estrecho de Magallanes y tenían que abastecerse en estas ciudades, por lo que es fácil de imaginar la riqueza que generaban estas ciudades que hoy día están en decadencia, y encontramos mucha presencia de apellidos españoles en fincas y comercios. Seguimos transitando por las interminables pistas de ripio, a las que por cierto, le quedan cuatro días de existencia, ya que la presión «turística» acabará con el romanticismo de las averías, los pinchazos, el quedarse sin combustible; en fin, el progreso que todo lo absorbe, ya que hay numerosos proyectos para cubrirlas de asfalto.

Subiendo hacia el norte, visitamos el precioso Parque Nacional de las Torres del Paine, una imponente estructura geológica con parte del campo de hielo patagónico sur y con un microclima entre montañas, valles, glaciares, lagos, ríos, saltos de agua y muchísimos animales. Hemos visto volar el primer cóndor en un entorno precioso de naturaleza, paraíso de los senderistas. Saliendo del Parque Nacional, encontramos el paso fronterizo de Cerro Castillo, el cual nos ingresa de nuevo en tierras argentinas, y en ruta hacia El Calafate, centro administrativo del Parque Nacional de los Glaciares, que es una ciudad cien por cien turística, y punto neurálgico de todas las excursiones y expediciones a los parques nacionales y glaciares, con una sola calle principal (igual que las películas del oeste) repleta de comercios y todo tipo de servicios, con restaurantes de «diseño» y tiendas deportivas de última generación. En realidad la ciudad no tiene ningún encanto, pero puedes encontrar de todo; es capital de uno de los enclaves paisajísticos más bonitos de Argentina y con su atracción principal, el Perito Moreno.

Sencillamente impresionante es la estrella del Parque de los Glaciares, así como el resto de glaciares de la zona, que son sinceramente espectaculares desde su inmensidad, con sus 80 m de altura y 5 km de frente o anchura cuando desembocan en el lago argentino, y sus 30 km de longitud que descienden del casquete de hielos continentales encajonado entre montañas. La proximidad con la que se puede observar y escuchar cuando se secciona en su parte final y caen las enormes moles de hielo a las gélidas aguas del lago argentino, con un espectacular estruendo «sordo», es toda una experiencia para los sentidos. El glaciar se desplaza a una velocidad en el centro de 1,5 m/día y en las puntas, dependiendo de la climatología y la temperatura, de unos 20 cm/día.

Todo este complejo forma parte del Campo de Hielo Patagónico Sur, que tiene 300 km de extensión norte-sur y un ancho de 90 km en el sector norte. Son 47 los grandes glaciares que descienden del mismo, de los cuales 13 pertenecen a la cuenca del Atlántico.

Mientras Pere se ha apuntado a un *trekking* de cinco horas por el glaciar, nosotros hacemos una navegación por las proximidades de la impresionante pared de hielo.

Hoy hemos tenido la primera nevada a los pies del glaciar, en el cámping roca y, por supuesto, la primera «sopita» para poder soportar el frío. También estrenamos la «suite» en el interior de Lola, y con la calefacción estática que nos instaló Agustí Campa, dormimos de lujo, sin necesidad de mantas, mientras en el exterior «nevaba». Pere y Àngels alquilaron una preciosa cabaña de madera para poder pasar la gélida noche. El entorno del Parque de los Glaciares es también muy rico en fauna, con manadas de caballos de todos los colores, cóndores y muchas otras aves.

La mítica Ruta 40

Dirección norte, la Ruta 40 es un trayecto mitad asfalto y mitad ripio desde El Calafate hasta el pueblo de El Chaltén, bordeando el lago Argentino y el lago Viedma. Es una pasada de paisaje, con todo el frente del Parque de los Glaciares a la vista y una perspectiva privilegiada del glaciar Vidma dominando toda la cordillera de los Andes, el macizo granítico del Fitz Roy (3.405 m).

El Chaltén, «capital nacional del *trekking*», enclavada a los pies del Fitz Roy y fundada en 1985 para dar servicio e infraestructura a todos los turistas amantes de la montaña, está situada en el Parque Nacional de los Glaciares, en el que, por cierto, a la entrada entregan un original cenicero para cada uno de los fumadores, consistente en un envase reciclado de los carretes de fotos, pequeño y de cierre hermético, contribuyendo así a la prevención de los incendios y el mantenimiento de la limpieza.

Siguiendo por la mítica Ruta 40, hemos atravesado zonas de montaña, Pampa, ríos… toda una amalgama de paisajes, a cual más bonito y espectacular. Insisto en que, cuando toda la ruta esté asfaltada, se perderá parte del romanticismo al poder hacer etapas más largas y a más velocidad que con ripio, que a pesar de sus muchos inconvenientes (estropea las mecánicas, te hace tragar cantidad de polvo que se cuela por todas partes, etc.), te permite contemplar, por ejemplo, el paso entre una hacienda y otra, en la que usan el mismo sistema que en Canadá, consistente en poner unos tubos o vigas de hierro en el suelo, separados unos 10 cm entre sí y que impiden que los animales pasen de una parte a la otra. Rodar muchos kilómetros seguidos por una pista de ripio se hace «eterno», pero tienes más tiempo para contemplar el paisaje y fijarte en detalles que, de otra manera, pasarían desapercibidos.

En este trayecto también hemos visitado la Cueva de las Manos, unas manos pintadas en la roca con 7.000 años de antigüedad, y también hemos contemplado los primeros cráteres volcánicos, pasando por intervalos montañosos y la inmensa Pampa, hasta llegar a Perito Moreno City, ciudad en memoria de Perito Francisco Pascasio Moreno, que se ganó el título de Padre de la Patagonia por sus exploraciones durante veinte años en esta región.

El paisaje ha cambiado; estamos a los pies de los Andes. El hecho de que a muy poca distancia exista una Pampa «desértica» junto con unos parajes parecidos a Suiza, con agua, árboles, lagos, etc., se debe a que la altura de la cordillera impide el paso de las nubes que traen el agua hasta el lado este de la cordillera (Argentina), y tan sólo cuando se derrite la nieve acumulada en las cumbres se originan estos paisajes increíblemente bonitos.

El país nos está encantando por los paisajes, las gentes, la comida… En fin, todo en general, pero también tiene algunas cosas que no nos convencen, como que a los turistas no nacionales se nos cobre el 300 % más en todas las entradas a los parques, donde además de la entrada, como los sitios más bonitos los tienen concesionados a entidades privadas y te impiden el paso, hay que volver a pagar por todo. Por ejemplo, en el Parque Nacional de los Alerces, para visitar un bosque de alerces milenarios debes pagar primero una entrada al parque; después, pagar la barca que te pasea por el lago hasta llegar al bosque (sin tener ninguna alternativa), y por último, pagar el aparcamiento para el vehículo en una explanada de tierra (sin otra opción) para cuando visites el bosque. Total, que la excursión para ver el bosque de los alerces milenarios se traduce en una considerable suma de dinero por persona. Resulta del todo abusivo porque, aunque estamos de acuerdo con que hay que pagar para mantener los parques, estos precios (contando con el cambio favorable de moneda) son excesivos. Los paisajes son preciosos, pero evidentemente esto no es el ombligo del mundo, y dudamos de que este tipo de monopolio reparta los recursos que dejan los turistas entre la gente local.

Nuestra economía es de supervivencia, comprando la comida más abundante y económica, jugando con los productos de temporada, conscientes de que cada peso ahorrado en comida u otros gastos «superfluos», como *souvenirs*, y empleado en combustible nos llevará a conocer otros lugares. Nada que ver con nuestra «otra» vida, en la que es casi una obligación tener constancia material de nuestro paso por cualquier lugar…

Siguiendo nuestra ruta hacia el norte, pasamos por un pueblo grande y bonito llamado Esquel, enfocado al turismo de invierno, con pistas de esquí y unos paisajes tan espectaculares como todos los que nos acompañan por esta zona preandina. Como anécdota, comentar que estuvimos en la cabaña de Butch Cassidy y sus secuaces, que fueron unos bandidos estadounidenses que, a principios del siglo XIX, llegaron hasta aquí cruzando toda América y cometiendo atracos y asaltos a los trenes.

Agua, arena y paisajes

Desde San Martín de los Andes hasta Neuquén, capital de la zona más rica en gas y petróleo de toda Argentina, además de buena zona agrícola, vimos las primeras bodegas de vino, que estaban en plena vendimia, y retomamos nuestro viaje por la Ruta 40 a un ritmo mucho más aceptable hacia Malargue. Muy cerca de esta ciudad nos desviamos para ver un enorme cráter llamado Pozo de las Ánimas, una formación geológica originada por el derrumbe de las cavernas que el agua ha ido creando (terreno de caliza o yeso), y en la misma zona tomamos unos baños termales de agua caliente muy sulfurosa. Estamos transitando a los pies de los Andes (entre 1.000 y 2.000 m de altura) y, retomando la Ruta 40, nos dirigimos hacia El Nihuil, un lugar interesante tanto por su lago como por la proximidad de las dunas negras (de origen volcánico). Desde esta ciudad sale una pista preciosa de unos 70 km que transita por el cañón del río Atuel; es sencillamente espectacular e, incluso, paramos a dormir en mitad del cañón para poder disfrutarlo más tiempo. Además de aprovechar el agua de cuatro centrales eléctricas consecutivas, este cañón es un lugar privilegiado con mucha actividad de deportes de aventura. A mitad del recorrido nos desviamos y, siguiendo un punto GPS durante 23 km de pista más o menos visible y muy arenosa en la que Lola nos está sorprendiendo porque aún no hemos tenido que usar la pala, llegamos a los pies de un erg de dunas negras en el que hay un puesto donde comemos un chivito hecho al horno y cocinado por un gaucho llamado Miguel Soto, hijo del señor Soto, que vivió 116 años y tuvo 19 hijos. El hijo comenta que su padre «murió de viejo…».

No nos pudimos resistir a la tentación de hacer unas «dunitas» con el Toyota. El balance mecánico de los primeros 18.000 km, entre los dos vehículos, es de dos pinchazos, un latiguillo de freno del Toyota, tres lámparas de los focos delanteros y un ruido no identificado en la transmisión trasera de Lola.

Hemos variado el itinerario inicial, que consistía en hacer Buenos Aires, Ushuaia, desierto de Atacama y regreso a Buenos Aires durante dos meses, que es el tiempo previsto para que Pere y Àngels regresen a Barcelona.

Después de lo más parecido a un motín con alevosía y premeditación, en el que Pere y Àngels proponían que nos «acercáramos» hasta el Machu Picchu, en Perú, ellos alargarían su estancia en el viaje, propuesta a la que se sumó María. En principio, mi oposición se basaba en que quería visitar el Machu Picchu en compañía de nuestro hijo Oriol, cuando viniese a compartir un tramo del viaje coincidiendo con las vacaciones escolares, pero uno va aprendiendo que el viaje no es un fin, sino una situación en la que las variaciones suelen ser uno más de los alicientes. En resumen, el resultado final fue que Oriol aún no ha visitado el Machu Picchu «porque si cuando quieres ir, no vas, cuando puedas ir tal vez sea tarde…». La pequeña variación consiste en «acercarnos» hasta el Machu Picchu y el lago Titicaca, visitar el salar de Uyuni y Potosí, en Bolivia, con lo cual los dos meses inicialmente previstos por Pedro y Àngels se convertirán como mínimo en tres meses y, como dice nuestro gran amigo Vicente Belles: «Nunca seré más joven que hoy para perderme oportunidades como ésta».

Variando la ruta, como debe ser en todo viaje que se precie, replanteamos nuestro periplo por Chile, Perú y Bolivia. Nos decidimos, pues, a cruzar a Chile por el paso de Los Libertadores vía Mendoza, donde visitamos a unos familiares de Àngels, emigrantes como tantos españoles en la época dorada de Argentina: la señora Concepción (de Reus), su hija Tere y su marido Daniel con sus dos hijos, Julián y Agustín.

Durante unos días nos tratan como a reyes –el detalle curioso es que, después de 42 años en Argentina y tener descendencia aquí, siguen con su costumbre de hablar entre ellos en catalán–. Instalados como verdaderos *okupas* en el jardín de su casa y usándolo como cuartel general, nos desplazamos al centro de Mendoza para visitar la ciudad y hacer diversas gestiones.

Mendoza, fundada el 2 de marzo de 1561, es capital de provincia de un territorio con actividad minera y agrícola, en especial vinícola (con multitud de bodegas), turismo (por la proximidad del Aconcagua), industria y ganadería, y con un pasado esplendoroso. Actualmente, a raíz de los problemas económicos que sufrió el país tiempo atrás, la inseguridad se ha acentuado y en el paseo por cualquier barrio se pueden apreciar las casas «fortificadas» con rejas por doquier.

Por cierto, sufrimos el primer «incidente» de seguridad estando en casa de la señora Concepción: intentaron llevarse el Toyota de Pere forzando las cerraduras; por suerte y debido a que entrábamos y salíamos continuamente de la casa, sólo les dio tiempo al intento, pero de todas formas, tuvimos que llevar el Toyota al servicio oficial para que cambiaran las cerraduras que quedaron inutilizadas.

Otra de las muchas casualidades con las que nos encontramos a lo largo del viaje ocurrió cerca de la ciudad de Mendoza. Aprovechando que paramos a comer y que había un pequeño taller mecánico, con apenas espacio para un vehículo y unas pocas herramientas colgadas en la pared, decidimos cambiar el aceite del motor a Lola. Entrando en conversación con el propietario, nos presentó a su mujer, la cual nos comentó que tenía unas sobrinas que vivían en España y, profundizando más en el tema, concretó que residían en un pequeño pueblo cerca de Barcelona, de no más de 6.000 habitantes, llamado Santa Eulàlia de Ronçana… ¡el mismo pueblo donde vivimos nosotros! La señora, muy emocionada, se nos puso a llorar a la vez que escribía apresuradamente una carta para que se la hiciéramos llegar en mano. Será que no hay talleres en Argentina y pueblos en España…

Pacífico a la vista

Salimos de Mendoza por la Ruta 7 dirección Chile, acompañados por los viñedos y las bodegas que caracterizan la zona. Hemos elegido la ruta del Puente del Inca para ingresar en Chile; el ascenso para atravesar los Andes no tiene desperdicio y, una vez más, el paisaje es extraordinariamente bonito. El terreno se ha vuelto árido, casi sin vegetación a causa de la altura, y las montañas colosales, sin nieve, muestran un abanico de colores que van de los verdes a los azules, naranjas, rojos, blancos y marrones durante todo el trayecto, rodeando el Aconcagua y con el río Mendoza poco caudaloso pero, aun así, abundante por el deshielo.

Antes de cruzar la frontera, paramos en un chiringuito a comer truchas de la zona y al rato se sienta un «motard» en la mesa de al lado; al caérsele el casco al suelo, suelta un taco en catalán (sin duda nos debía de haber oído hablar) y, sorprendidos, le invitamos a sentarse con nosotros. Resultó ser Felipe Bertrán, alias Lipe, de Sitges, que a sus sesenta años está recorriendo el sur de América en moto y está afincado en República Dominicana desde hace unos

años. Hasta aquí todo «normal» dentro de la coincidencia, pero lo fuerte es que tenemos amigos comunes, los vie-
jos veteranos del Dakar Rafa Tibau, Vicente Belles, Jaume
Bordoi... que formaban equipo cuando todos ellos com-
petían en moto.

Llegamos al paso fronterizo de Los Libertadores, situado
a más de 3.100 m de altura. Hacemos el papeleo y demás;
una funcionaria de Sanidad nos requisa la miel, las cebollas,
las patatas y los ajos españoles, con lo que nos gustan... en
fin, todo producto fresco.

Durante 150 km hemos estado ascendiendo por la parte
argentina para cruzar los Andes, pero en apenas 30 km des-
cendemos vertiginosamente del lado chileno. Por una carretera serpenteante llamada Los Caracoles y, sorprendentemente, en bastante mal estado –suponemos que a causa de
la nieve, el hielo y la gran cantidad de tráfico pesado– reco-
rreremos 100 km desde la frontera hasta acceder a la carretera nº 5, la mítica Panamericana, que es la columna vertebral de Chile; una autopista de doble sentido perfecta con
mucha señalización y buenas gasolineras (pero sólo hasta La
Serena). Aquí en Chile no hay tanto terreno productivo y
el espacio entre la cordillera y el mar obliga a las viñas a trepar por las montañas, en un verdadero desafío a la gravedad.
Nos sorprende lo desértico de toda la zona, pues pensábamos que con los vientos húmedos del mar y los Andes como
barrera casi infranqueable esto sería muy rico en vegetación
y agua, pero si te pones de espaldas al mar, parece que estás
en mitad del Marruecos más desértico.

Por este itinerario seguiremos hasta llegar a tocar las aguas del océano Pacífico, donde pasaremos nuestra primera noche chilena. (Hacía días que no veíamos una puesta de sol en el Pacífico.)

Ruta panamericana

La ruta panamericana en el sector de Santiago hasta Caldera es muy poco atractiva, pero de ahí en adelante es un constante cambio de paisajes (todos ellos preciosos). La carretera sigue la orilla del océano Pacífico, con grandes «toboganes» que, desde las poblaciones pesqueras, nos obligan a «trepar» hasta los 2.200 m para acto seguido volver descender hasta volvernos a mojar los pies en el mar.

La visita a Caldera, que a priori era un puro trámite de «chafardeo», se ha convertido en una agradable experiencia al descubrir que en el puerto, cuando los pescadores arrojan de nuevo al mar los restos de pescado, esperan junto con gaviotas y pelícanos una legión de ¡lobos marinos! que, acostumbrados a la comida fácil, se acercan hasta el puerto y esperan «su» ración. La ruta se adentra ya en el desierto de Atacama, que incluso bordeando la costa es totalmente estéril durante cientos de kilómetros, con escarpados acantilados para acceder al océano Pacífico a un lado y montañas con dunas al otro que, en ocasiones, cubren el asfalto con sus arenas; y siempre acompañado por innumerables explotaciones mineras que son visibles desde la carretera.

Desde el centro de Atacama

Siguiendo la ruta dirección Norte, cruzamos nuevamente el Trópico de Capricornio y nos desviamos en Antofagasta, que perteneció a Bolivia hasta que se convirtió en parte del botín de guerra chileno tras la guerra del Pacífico y, después, en el más importante centro minero del desierto. Por una carretera fuertemente ascendente nos encontramos con un paisaje muy estéril y desértico, alternando de vez en cuando enormes minas a cielo abierto y las ruinas de grandes pueblos abandonados, a causa de la decadencia de los nitratos naturales por el descubrimiento de los abonos químicos. De estos paisajes dijo el naturista Charles Darwin que eran el lugar más desolado de la Tierra, tanto que no había ni moscas.

La aproximación a San Pedro de Atacama nos descubre, con un paso de 3.200 m de altura, un paisaje espectacularmente bonito (son las proximidades del valle de La Luna). San Pedro de Atacama, en el noreste rodeado por la cordillera y sus múltiples volcanes, y en el sur y oeste por el gran salar de Atacama y el valle de La Luna, se nutre de las aguas subterráneas provenientes de las nieves existentes en las cimas de los volcanes, que filtrándose por la porosa piedra volcánica, llegan hasta las inmediaciones del salar, dando origen y vida a algunos pueblecitos, entre ellos el de San Pedro de Atacama, pueblo centenario de gran interés arqueológico rodeado por un crisol de impactantes y majestuosos paisajes naturales de gran contraste, de ambiente relajado pero con mucha actividad nocturna a base de hospedajes, restaurantes (muy bonitos y con mucho diseño) y gran cantidad de agencias de viajes de aventura para realizar excursiones por los alrededores. Las vigas y puertas de la iglesia están construidas con tablillas de cactus desecados y fijados con correas hechas con el cuero de llamas, en lugar de clavos; las paredes son de adobe y la techumbre, de madera de chanar y algarrobo; el tejado está formado, asimismo, por tablillas de cactus cubiertas de barro y paja. La falta de humedad en el ambiente ha permitido su conservación a través de los siglos, pues ¡la construcción de San Pedro data aproximadamente de 1640!

El cercano valle de La Luna es un paraje de encantadora desolación, donde el viento ha esculpido montículos y hondonadas de sal, arcilla y yeso, donde no crece vegetación alguna y se convierte en un acontecimiento extraordinario poder ver algún insecto.

Nos acercamos hasta las lagunas de Miscanti y Miñiques, que con su color turquesa se hallan situadas a los pies del volcán Miscanti; un paisaje idílico a no ser por la falta de oxígeno, ya que se hallan a 4.300 m de altitud. Como aún no estamos aclimatados porque en apenas unos pocos días hemos pasado del nivel del mar hasta aquí, no podemos disfrutar del espectáculo en todo su esplendor, pero la solución es fácil: tendremos que volver en otra ocasión; ésa es una de las actitudes que tomamos cuando, por cualquier circunstancia, ya sea climatológica o física, no podemos disfrutar de un lugar concreto del viaje. Y aunque no tengamos esa segunda oportunidad, aplicamos la filosofía de los habitantes de Pokara, en Nepal, los cuales hacen anualmente una peregrinación a una montaña sagrada cercana, pero nunca llegan a la cúspide; se quedan a escasos metros de la cima para no perder el aliciente de que algún día podrán alcanzar la cumbre.

Los alrededores de San Pedro de Atacama merecerían, cada uno de ellos, un capítulo por su belleza, diversidad y espectacularidad, con lo cual no nos resistimos a narraros el trayecto desde San Pedro de Atacama, hacia el norte, hasta los géiseres del Tatio. Este tramo de menos de 100 km es de los más bonitos que hemos recorrido hasta el momento, con pistas que oscilan entre los 3.500 y 4.500 m de altura, circulando a los pies de sus gigantescos volcanes y con una variedad inverosímil de paisajes, pues en pocos kilómetros pasamos de la alta montaña a las dunas, o atravesamos lagunas (algo sorprendente por la altura) con gran cantidad de animales.

En mitad del trayecto (a 3.400 m) encontramos las termas de Puritana, situadas en una depresión y que nos ayudaron a aclimatarnos a la altura, con sus transparentes y cálidas aguas (38 ºC) que brotan de un manantial subterráneo, provenientes de los volcanes cercanos.

Los géiseres del Tatio, situados a 4.320 m de altura y originados al entrar en contacto un río helado subterráneo con el magma volcánico hirviente, originan unas fumarolas de más de 10 m de altura que emergen a la superficie a través de fisuras de la corteza terrestre, alcanzando una temperatura de 85 ºC.

Nos encontramos con unos lugareños, que siguiendo el común denominador de la amabilidad y la hospitalidad, insisten en invitarnos a cenar y pasar la noche en su casa; ésa es una de las situaciones que de vez en cuando suceden y tomas conciencia de la realidad, al comprobar que tan sólo disponían de unas pocas patatas y un puñado de arroz que no podían cocinar porque hacía varios días que se les había terminado el gas. Su vida estaba limitada a las cuatro paredes de fría piedra de su casa, sin electricidad que les permitiese disponer de radio o televisión, ya no sólo para tener contacto con el mundo, sino para poder tener unas horas extra de luz al día.

La cena que prepararon María y Àngels les debió parecer un festín, aunque a la postre recibimos mucha más riqueza de su conversación y hospitalidad, que una simple cena. Anecdóticamente, comentar que debido a la altura y falta de oxígeno, el agua tiene el punto de ebullición a los 82 ºC en vez de a los 100 ºC, que más o menos tiene a nivel del mar, lo cual implica que para cocinar un arroz hervido, en vez de emplear los veinte minutos habituales necesitamos más de 55 minutos.

La ruta de regreso al Pacífico, siguiendo nuestra máxima de no recorrer dos veces el mismo camino, la hicimos por una pista muy poco transitada por el turismo que nos llevó, acompañados por las cumbres heladas de los volcanes, hasta el pueblecito de Chiu Chiu, donde aún existe la primera iglesia construida en América por los colonizadores españoles, con el detalle de que las puertas no son de madera, sino de la corteza de un cactus autóctono de la zona que alcanza los 6 m de altura. Más adelante, desde Calama (donde existe la mina a cielo abierto más grande del mundo) hasta Tocopilla, en la costa, circulamos por una carretera «feísima» con una recta de más de 85 km por un caluroso y polvoriento desierto; en menos de seis horas pasamos de los -4 °C a 4.320 m, en los géiseres del Tatio, a los más de 41ºC de las cercanías de Tocopilla. Y es que con estos «meneos» no hay manera de que el cuerpo se aclimate en ningún sitio…

A Lola se le han «atragantado» las alturas, ya que al tener un motor atmosférico, acusa enormemente la falta de presión y oxígeno. El problema con Lola no es realmente la altura, porque el altiplano donde hicimos el «récord» del viaje, con 4.562 m sobre el nivel del mar, era una pista buenísima y Lola circulaba a una velocidad de unos 80 km/h, pero las pronunciadas «rampas» que nos estamos encontrando a esta altura, el exceso de peso y la falta de potencia hacen que tengamos un buen amigo al otro extremo de la eslinga (la cuerda)…

La verdad es que en las rampas por donde Lola apenas podía subir, Pere nos «arrastraba» con su Toyota a una velocidad insultante. Para hacerse una idea de lo que denominamos «rampas», es ascender en tan sólo 11 km a unos

1.000 m de altura, por pistas de ripio llenas de agujeros y piedras, con el agravante de hacerlo, no a nivel del mar, sino entre los 3.500 y 4.500 m (muy «durillo» para el motor atmosférico de Lola).

Para intentar paliar este inconveniente mecánico, hemos construido un artilugio tan primitivo como efectivo. Dado que el problema es que en las alturas en las que nos movemos, hay una gran falta de oxígeno y presión atmosférica, que permiten al motor funcionar óptimamente, la solución pasaría por intentar introducirle una mayor cantidad de aire al motor para facilitar la combustión, evitar que se sobrecaliente y que nos lleve con más tranquilidad por las altas carreteras que nos esperan de ahora en adelante, con una media superior a los 3.500 m sobre el nivel del mar.

Después de conseguir un tubo de PVC, de los que se usan para las canalizaciones de agua, un cubo de plástico y un viejo ventilador en un desguace de automóviles, instalamos el ventilador en la parte superior del cubo. La idea es que hiciera presión, una vez puesto en marcha el ventilador, hacia el interior del cubo, en el cual habíamos practicado un orificio en el fondo para colocar el tubo de PVC que conectaba directamente con el *snorkel* o la entrada de aire al motor. Todo ello, sellado con cinta adhesiva, permitía proporcionar una presión extra de aire al sufrido motor. Y sin grandes titulaciones técnicas pero con algún instinto de supervivencia, ¡el invento nos funcionó de maravilla!

Por la ruta del inca

A nuestro regreso a la costa del Pacífico, encontramos la ciudad costera de Iquique, al norte de Chile, antiguo territorio de dominio peruano que cambió de nacionalidad tras la guerra del Pacífico. En su época de máximo esplendor gracias al salitre, se edificaron imponentes construcciones, y cuando el salitre decayó, fueron la pesca y la harina de pescado los que contribuyeron a mantener el comercio. A partir de 1975 le fue concedido el estatus de zona franca, motivo por el cual demoramos nuestra salida aprovechando para cambiar los neumáticos del Toyota por fatiga, ya que llevaban dos viajes a Marruecos, otros dos a Mauritania y tres a Libia. Iquique también se caracteriza por tener una súper duna de más de 400 m en el centro de la ciudad, la cual domina desde las alturas.

Nos ha sorprendido lo extremadamente desértico de todo el recorrido efectuado desde que entramos en Chile, desde Valparaíso hacia el norte; incluso pensamos que, con un nivel de «humedad» inferior al del sur de Marruecos, es una zona (desde el desierto de Atacama y hacia el norte) realmente seca y desolada. Imaginábamos que los vientos húmedos del Pacífico, al topar con la cordillera, «regarían» toda esta estrecha franja de territorio chileno, pero para sorpresa nuestra no es así.

Vía Arica nos dirigimos a Perú, por los «salvajes» a la vez que bellísimos toboganes por los que discurre la carretera Panamericana hasta la frontera, con la habitual burocracia, mundialmente extendida y con la que se convierte en una verdadera yincana, al tener que conseguir seis sellos de diversos inspectores para un solo documento.

Entre líneas y coca

Cambio de país; entramos en Perú, la tierra de la capital inca. Aunque el paisaje sea desértico como en Chile, aquí es de una belleza extraordinaria por zonas, con todo tipo de colores en las montañas y muchas dunas de diversas tonalidades, incluso encontramos unas dunas de color verde azulado. Esta variedad paisajística nos recordó en varias ocasiones los paisajes africanos (desde Libia hasta Marruecos y Egipto), todo ello con el común denominador del binomio desierto-belleza.

Perú nos recibe con sus particularidades: pobreza pero muy digna y ciudades coloniales tan bonitas como inseguras. En fin, la situación económica y la gran cantidad de población joven sin demasiadas perspectivas son un cóctel de complicada solución. Visitamos la ciudad de Tacna, con su pasado colonial, para seguir dirección norte hasta la ciudad de Arequipa, la segunda ciudad más grande de Perú y construida a partir de 1540 al pie de tres volcanes. Esta ciudad conserva magníficos ejemplos de arquitectura colonial en un área de 63.500 km^2 y casi un centenar de conos volcánicos entre los 3.900 y 6.400 m.

Acompañados por este paisaje y algún que otro terremoto, pasamos por Arequipa dirección Nazca. Este tramo de carretera sigue con la regla de sorprendernos y agradarnos más a medida que vamos avanzando; cada nuevo tramo se supera en belleza respecto a los anteriores, pero todos tienen su «sello» diferencial, desértico (como toda la zona costera), con sus contrastes de colores, «oasis» en los lechos de ríos e impresionantes ergs de dunas que llegan hasta el mar y la carretera que va sobreviviendo a duras penas en este inhóspito entorno.

Llegamos a Nazca, situada en una región del litoral peruano donde las desérticas planicies se extienden monótonas y donde se halla la mayor concentración de geoglifos del mundo: las líneas de Nazca, que siguen siendo uno de los grandes misterios sin resolver de la humanidad. Extendidas por una superficie de 500 km², se registran más de 13.000 líneas que crean un espectacular conjunto tan sólo visible desde el aire.

Semejante tarea fue realizada durante un periodo de 800 años (en el 70 a.C.) y su conservación hasta nuestros días se ha producido gracias al clima desértico, la alta oxidación del suelo y los vientos húmedos de la noche, que barren las líneas arenadas por el viento diurno. Comentaros que desde el suelo no es más que una planicie de piedras inhóspita, con ríos secos y un terreno accidentado, en la cual apenas se identifican unas líneas muy largas y sin ningún sentido; sólo cuando sobrevolamos la zona con una avioneta pudimos apreciar las siluetas de animales y las figuras geométricas, que con medidas gigantescas, están gravadas en el suelo.

Las figuras y líneas siguen visibles a pesar del «rastro» de las orugas y roderas de camiones que dejó la construcción de la carretera principal que va a la capital, Lima, y que atraviesa esta área por el medio.

Después de abandonar Nazca con dirección a Cuzco, tuvimos una jornada con las cuatro estaciones (39 ºC con sol, lluvia y 2 ºC con nieve) y, además, aprendimos que después de una subida no siempre hay una bajada; aquí en Perú, después de una subida pueden venir diez subidas más. Conquistamos un nuevo «récord» con 4.676 m de altura, pero durante todo el trayecto estuvimos subiendo por encima de los 4.000 m y bajando a menos de 2.000 m, cambiando totalmente de paisaje; a 90 km desde Nazca, y habiendo atravesado la precordillera (a más de 4.000 m), encontramos un paisaje parecido al País Vasco o Suiza, con sus praderas verdes, sus bosques frondosos, agua, pastos, rebaños de animales, lagos, etc. Un espectáculo para la vista después de tantos días de desérticos paisajes.

A veces nos parece tener la misma visión que los cóndores, ya que las empinadas y serpenteantes subidas nos ofrecen en pocos kilómetros una visión «vertical» espectacular de los paisajes con casi 2.000 m de desnivel. Este idílico paisaje no esconde las durísimas condiciones de vida de este país, con gente muy humilde, niños muy pequeños cuidando el ganado y acarreando pesados fardos de leña, o niñas lavando en las gélidas aguas recogidas en los riachuelos.

El anochecer (las seis de la tarde) nos depararía una nueva «sorpresa»: a 40 km de un valle y en medio de un desfiladero, donde apenas había espacio para la carretera, entre la montaña y el río (muy caudaloso por las recientes lluvias), empezamos a cruzar con dificultad algunos derrumbes de piedra y lodo, convirtiéndose en una huida hacia delante con la esperanza de que, a pesar de la noche, la lluvia torrencial y la situación cada vez más complicada por el terreno, nuestros vehículos nos llevarán hasta una zona abierta y despejada donde pasar la noche. Total, que llegamos hasta un punto donde el derrumbe era imposible de franquear y, con el agravante de que no había posibilidad de volver atrás, pues allí estábamos, atrapados en aquella ratonera, con un río amenazando con desbordarse a 2 m del asfalto por un lado, una pared vertical imposible de trepar por el otro y un trozo de montaña desmoronada cortándonos el paso delante de nosotros, obligados a pasar la noche allí, junto con algún camión y otros vehículos locales, optamos por dormir los cuatro dentro de Lola, ya que el amenazante río no paraba de subir y existía la posibilidad de que si dormíamos en las tiendas de encima de los vehículos, y la situación empeoraba, no tuviéramos tiempo de reacción. De todas formas, Pere no pegó ojo en toda la noche vigilando unas cañas que clavó en el suelo para tener de referencia y poder controlar el nivel de las aguas del río.

Machu Picchu

Al cabo de 28 horas y con la ayuda de una precaria máquina y muchas manos, se consiguió abrir un paso y salir del atolladero. Y llegar a Cuzco, capital histórica de Perú y principal centro turístico. La antigua capital del Imperio inca conserva gran parte de sus construcciones y tradiciones, y por primera vez pasaremos varios días sin mover los vehículos. Visitamos la ciudad de Cuzco y sus alrededores, y empezamos a tomar infusiones de coca para combatir el mal de altura.

Es una de las más importantes ciudades de la antigüedad que muestra una integración arquitectónica con elementos coloniales. Sus notables construcciones hechas de piedras de grandes dimensiones en hiladas regulares son impresionantes obras dispuestas de manera uniforme. Los colonizadores españoles emplearon las bases de estas estructuras como cimientos para sus iglesias y palacios, algo que da a Cuzco una imagen arquitectónica muy personal.

En 1532 el ejército de Francisco Pizarro tomó la capital de los incas, una avanzada civilización que se desarrolló de espaldas a Occidente. El botín de los conquistadores, toneladas de oro y plata, es uno de los mayores que registra la historia, y da una idea del esplendor que alcanzó Cuzco, nombre que proviene del idioma quechua («ombligo del mundo»).

El Imperio inca fue breve, con sólo 150 años de existencia, pero tuvo logros grandiosos en arquitectura, sociedad, organización, comunicaciones, etc. Anteriormente a ellos existieron, entre otros, los nazca, con una antigüedad de más de 2.000 años, pero la importancia y trascendencia de los incas se debió a que estaban en pleno esplendor cuando llegaron los conquistadores españoles –«muere joven y tendrás un bonito cadáver»–, hecho por el cual toda su cultura, ciudades, costumbres, etc., no se perdieron en el tiempo, sino que quedó «constancia» escrita de su gran imperio.

Como curiosidad comentar que, en contra de lo que creíamos, el Machu Picchu se encuentra a 2.440 m de altitud, mientras que Cuzco está a 3.600 m, por lo que para ir de Cuzco a Machu Picchu hay que descender por el Valle Sagrado, seguir el curso del río Urubamba y atravesar las interesantes ruinas incas de Pisaq, Coya, Calca y Ollantaytambo. Y todo ello después de un viaje muy peculiar en tren, ya que transcurre por el mismo cañón que las aguas del río Urubamba, cuyo trayecto es amenizado con unos «bailes» y hasta ¡un pase de modelos! Todo ello muy genuino y llegando al final del trayecto a una estación situada en pleno centro del pintoresco pueblo de Aguas Calientes, llamado así por sus aguas termales y situado en plena selva tropical. Desde allí y con unos buses se asciende por una empinada pista hasta los 2.440 m donde se encuentran las míticas ruinas.

Describir Machu Picchu es un tema muy personal por las emociones que afloran al descubrir por primera vez ese mágico lugar, donde la energía se siente, no se mide. La ascensión a la montaña Huayna para poder contemplar toda esa maravilla desde el punto más alto es la culminación de la visita a Machu Picchu (si se tiene buena forma física), ya que la ascensión es muy «fundidora», pero vale la pena por las privilegiadas vistas que ofrece, casi las mismas que deben tener los cóndores que nos sobrevuelan.

Lago Titicaca

Regresando a Cuzco y saliendo dirección al lago Titicaca (distante unos 380 km) por una carretera que transcurre por el altiplano peruano, vemos unos paisajes cambiantes y atravesamos pueblos muy genuinos, fuera de los circuitos turísticos, donde la agricultura, la ganadería (especialmente de alpacas) y el comercio son el sustento de los lugareños. Durante toda la ruta se constata la presencia colonial en forma de iglesias y catedrales, y en las proximidades del lago Titicaca atravesamos la ciudad de Juliaca, centro neurálgico de comunicaciones en la región, donde tuvimos la desagradable experiencia de conocer a la corrupta e impresentable Policía Local; de tres puestos de Policía que encontramos al atravesarla, en dos de ellos, con cualquier excusa y con una agresividad y descaro totales, nos exigieron el «pago» de 100 dólares por una sanción de tráfico inexistente (con el agravante de que esto es la anarquía total en tema de tránsito). Después de mucho negociar el tema, quedó en una hora perdida, una cerveza y 15 dólares.

Llegamos al fin a nuestro destino, Puno, ciudad a orillas del lago Titicaca fundada por los españoles en 1668 y actual centro turístico y punto de partida para visitar las islas flotantes de los uros.

El lago Titicaca, situado en el corazón de la cordillera de los Andes, con sus 8.400 km^2 y una altitud de 3.815 m, es el lago navegable más alto del mundo; tiene 165 km de longitud, su profundidad máxima es de 280 m y la temperatura del agua ronda los 9 ºC. Esta gran masa de agua, alimentada por una veintena de ríos, actúa como un regulador del clima en la meseta, absorbiendo calor durante el día y haciendo más tolerables y húmedas las noches. Los uros viven en curiosas islas flotantes construidas con totoras, los juncos propios de la zona, que cortándolos y poniéndolos unos encima de otros llegan a alcanzar los 2,5 m de espesor y dan como resultado una base con mucha consistencia donde sus habitantes construyen sus viviendas, además de tener sus pequeñas «granjas» de gallinas y pequeños animales domésticos. Cada tres semanas tienen que «poner» más totora en el «suelo» o parte superior para poder mantener la flotabilidad de la isla y que el deterioro en la parte sumergida no acabe por hacer naufragar las comunidades. La totora no sólo se utiliza en la construcción de embarcaciones y viviendas; sus tallos frescos tienen un agradable sabor y gran valor nutritivo al ser muy ricos en yodo, mientras que la parte superior de la planta sirve como forraje para animales.

Estas islas tienen servicios como escuela, centro sanitario, iglesia, etc. Todo ello construido sobre la misma base de islas de totora. En la actualidad no es más que un «parque» temático para los turistas, pero sigue teniendo su parte de autenticidad, conservando muchas tradiciones y técnicas de construcción.

Vicente Belles, empedernido viajero y cultísimo devorador de libros, es el prototipo de trotamundos perfecto: le da igual ir al norte que al sur, la cuestión es «ir», sin importar el medio de transporte empleado. Poca gente puede decir que a uno de sus mejores y más fieles amigos lo ha conocido, por casualidad, en Ulan-Bathor (capital de Mongolia). De Vicente hemos aprendido a valorar los viajes y la actitud ante la vida, surgida de experiencias como a la que sobrevivió, cuando un día y sin previo aviso se quedó inconsciente en su casa de Benicàssim: tuvo un largo desmayo del que todos pensaron que había sido un fulminante ataque al corazón y que, por suerte, no pasó de un susto, pero desde ese momento un cartel puesto en su nevera reza: «A partir del día 14 de octubre a las 9.35, todo lo que venga es de más y encima gratis».

Tenemos por costumbre estar en contacto desde cualquier sitio donde nos encontremos, siendo Vicente una fuente de información inagotable, como nos ocurrió en el Titicaca, donde de no ser por él, nos hubiésemos perdido ver con nuestros propios ojos un par de curiosidades, como la que aconteció durante el conflicto bélico entre Perú y Bolivia. Perú mandó fabricar el barco Yavari, que se construyó en 1862 en Inglaterra y fue enviado por mar hasta Arica. Allí fue desmontado pieza a pieza y transportado a lomos de mulas, las cuales no podían cargar más de 80 kg y emprendían un largo viaje atravesando los Andes hasta el lago Titicaca (a 3.815 m de altura), para después volverlo a montar. Dicha operación se realizó en ¡ocho años! Actualmente el Yavari es un reclamo turístico como museo flotante. Otra fue siguiendo por la orilla el lago Titicaca, dirección sur, hasta llegar a Bolivia. A unos 10 km de la frontera se encuentra un pequeño pueblo llamado Copacabana (según los lugareños, fue un marinero del pueblo quien dio nombre a la famosa playa de Río de Janeiro). Delante de la iglesia hay un monumento en el cual hay grabadas unas coordenadas, «calculadas con sextante en el año 1928». Tras introducirlas en nuestro «moderno» GPS, comprobamos que la variación es de tan sólo unos pocos metros. Este pueblecito es muy acogedor, turístico y económico, y en él se inician las excursiones a las islas del Sol y de la Luna.

El viaje hasta La Paz siguió fascinándonos por la compañía del inmenso lago Titicaca, en el cual navegamos, junto a nuestros vehículos, en unas barcazas muy genuinas.

La capital más alta del mundo

Antes del descenso a la capital nos encontramos una gigantesca colina ocupada por miles de construcciones ilegales y sumida en un caos total. Todo comenzó cuando unos indios llegaron y se instalaron en chabolas y, después de muchos intentos de evacuarlos sin lograrlo, las autoridades decidieron instalarles el agua y la luz para evitar epidemias y desórdenes, convirtiéndose en un barrio más de la ciudad, llamado El Alto.

La Paz, caótica y fascinante, situada en un valle a 3.500 m de altitud y rodeada de nevados impresionantes, es la capital más alta del mundo, con sus empinadas calles llenas de vida y color (que debido a la altura y falta de oxígeno, es un desafío físico recorrer) donde se vende de todo, con miles de microbuses vociferando el destino entre bocinas, atascos y tubos de escape de espesos humos, y sus anónimos limpiabotas, que cubriendo sus cabezas con pasamontañas, evitan ser reconocidos por sus compañeros de escuela o vecinos.

Hay lugares emblemáticos en este viaje que son ineludibles de visitar: Machu Picchu, Ushuaia, Perito Moreno,

La Paz... y que se convierten espontáneamente en puntos de convergencia para trotamundos y viajeros, los cuales son siempre la mejor fuente de información fidedigna y actualizada.

Los viajeros forman una variopinta amalgama de personajes que tienen el viaje como común denominador. Los hay desde quienes viajan con mochila a la espalda, sobreviviendo con la venta de manualidades, hasta quienes tarjeta de crédito en ristre, lo hacen con ostentosos vehículos último modelo; los hemos encontrado que viajaban a pie, a caballo, en bicicleta, con autos antiguos, e incluso alguno lo hace empujando un carro de supermercado donde transporta todos sus enseres, pero de todos los trotamundos que hemos conocido en nuestros viajes, ninguno iguala en espíritu y fuerza de voluntad a Vladimir.

Intentando contagiar con el virus de esta «enfermedad» por los viajes a los más pequeños de la familia, desde siempre hemos procurado enseñarles en la escuela de la vida a través de los viajes. Durante muchos años le estuvimos diciendo a nuestro hijo Oriol que lo llevaríamos a un lugar en el mundo donde nunca se pone el sol, así pues, cuando tuvieron edad de entender y apreciar los viajes más largos, organizamos uno al Cabo Norte, en Noruega, que fue nuestro primer viaje con Lola. La preparación, como en todos los viajes, fue una parte importante en la que nos surgió un problema de capacidad, ya que Lola disponía solamente de nueve plazas y nosotros éramos diez en total: Oriol y sus primos Óscar, Duna, Marta y Etna, con sus progenitores Josep, Nuria, Kiko, María y yo mismo. Como era muy duro tener que «sacrificar» a alguien dejándolo en casa, convenimos que, en caso de accidente, el que quedase en mejores condiciones se escondería para evitar problemas legales con el seguro o la Policía. Bueno, este viaje sería digno de otro libro... Después de cumplir nuestro objetivo de enseñarles el sol de media noche y que pudiesen comprobar que, efectivamente, existe un lugar en el que, por lo menos un día al año, no se pone el sol y otro día al año no sale (fenómeno que ocurre al superar el círculo polar ártico), de regreso por las estrechas carreteras de Suecia, en un momento dado tuvimos que hacer una brusca maniobra para evitar colisionar con una persona que se encontraba circulando por la carretera con una silla de ruedas. Pasado el susto, más adelante entramos en un cámping para pasar la noche y, al poco tiempo, vimos cómo el señor de la silla de ruedas peregrinaba tienda por tienda pidiendo algo que los campistas parecía ser que le negaban. Cuando llegó donde nosotros estábamos montando nuestro campamento «gitano», pudimos comprobar que se trataba de un anciano que debía rondar los setenta años, con ambas piernas amputadas y que se desplazaba con una silla de ruedas diseñada y fabricada por el ejército ruso para sus lisiados. No hablaba ni una palabra en inglés y lo que andaba pidiendo era un poco de agua caliente a la que poder echar una mezcla de café y azúcar que llevaba en un pequeño bote metálico. Ante la sorpresa de que nadie le había satisfecho tan básica petición, nosotros le preparamos la cena y unas pequeñas provisiones para el día siguiente. Mediante gestos llegamos a conocer su historia: se llamaba Vladimir, era un jubilado ruso de San Petersburgo al que la miseria de su condición física y económica le estaba consumiendo sus últimos años de vida. Rebelándose ante esa situación, decidió viajar y solamente con su silla de ruedas y un viejo capote que le protegía del viento y la lluvia. Llevaba un cartel en la parte trasera de su silla que decía «Moscow (Rus)-Lissabon (P)», y ayudado por un papel escrito en inglés donde describía su proyecto, entendimos que estaba intentando viajar desde Moscú hasta Lisboa. Más o menos haciéndonos entender por ese idioma universal que son los gestos, le preguntamos cuánto calculaba que tardaría en llegar a Lisboa, a lo que nos respondió: «El año pasado tardé cinco meses...». Cada vez estoy más convencido de que la satisfacción personal depende de uno mismo independientemente del contexto de nuestro entorno; es absurdo perder el tiempo y la energía intentando superar, empujados por la envidia, a quienes nos rodean, porque siempre y en todos los ámbitos de la vida habrá alguien admirable pero inalcanzable...

Desde La Paz hasta Sucre continuamos atravesando parajes de ensueño, tanto por sus paisajes y colores como por la impresión que nos causa imaginar en la época colonial los desplazamientos para el transporte de los minerales extraídos de las minas.

Sucre dista 160 km de Potosí, centro de extracción de plata y otros minerales donde vivían los «mineros», mientras que Sucre era la residencia de los «colonos». Hoy día se necesitan más de tres horas para recorrer esta distancia en coche (subiendo puertos de 4.000 m y bajando hasta los lechos de los ríos); es increíble las penalidades que debían pasar sólo para ir desde las minas (Potosí) hasta la ciudad residencial de Sucre, con el agravante de que en estas alturas no existe pasto para los animales, ni árboles para obtener madera para cocinar y calentarse, además del riguroso clima y la falta de agua. Sucre, capital residencial en época colonial, majestuosa por sus grandes edificios y palacetes, ha mantenido ese carácter a través del tiempo con sus blancas calles. Está situada a unos 2.000 m por debajo de Potosí, por lo tanto, aquí sí que se podía cultivar todo tipo de cereales, frutas y verduras, lo que fue el motivo de que en 1538 fuera fundada la ciudad virreinal por el capitán Pedro Anzures.

Vales más que un Potosí

En Potosí, ciudad minera situada a 4.000 m de altitud, Diego Huallpa descubrió plata en 1.544 en el Cerro Rico, una montaña en forma de cono que con sus 4.850 m domina Potosí. Potosí compitió en lujo, belleza y grandiosidad con grandes ciudades como París, Londres o Sevilla desde el descubrimiento de plata, zinc, estaño y otros minerales en el Cerro Rico, hace más de 500 años, y no han dejado de extraerse minerales de sus minas. «Esto vale un Potosí» es una expresión que ha perdurado a través de los siglos, desde los tiempos de los colonizadores españoles, para calificar algo majestuoso, impresionante o grandioso. Se dice que con la plata extraída de sus minas se podría haber comunicado Potosí y Madrid con una cuerda tejida de plata.

Es una ciudad repleta de palacetes, conventos e iglesias que muestran su esplendoroso pasado. Para que os hagáis una idea de lo importante que fue Potosí, comentaros que en la misma época en que Madrid o Sevilla tenían unos 40.000 habitantes, ¡Potosí ya rebasaba los 150.000! Y eso que era una ciudad de las colonias de ultramar. Igualmente apasionante es ver lo duro del trabajo (en la mina y fuera de ella) y las proezas que se hacían para poder extraer la plata de las minas, el proceso de separar la plata del resto de los minerales, la manipulación y el control de la plata «purificada» y el transporte desde Potosí hasta Sevilla. Todo ello, realmente impresionante y apasionante cuando uno se encuentra en estos parajes y nota la «locura» que representaba llevar a cabo todo este trabajo con los medios que había en la época. En la casa de la moneda de Potosí, que como su nombre indica, era el lugar donde se preparaban los lingotes y se acuñaban las monedas de plata para todo el Imperio español (de 1590 a 1750), aún existe (y muy bien conservada) la maquinaria que se usaba para tales menesteres, traída desde España y que representaba la «tecnología punta» de la época en estampación de monedas (el traslado de la «maquinaria» desde España hasta Potosí demoraba más de un año). Comentar que actualmente los sistemas de extracción de material de las minas son realmente rudimentarios (tecnología de los años cincuenta), y supongo que cerca del agotamiento de las minas, no debe ser rentable la inversión industrial.

Nos convertimos en mineros por unas horas, recorriendo el interior de algunas galerías de la mina, en las cuales aún había gente trabajando –y vaya «palo» de vida–. Lo hicimos con trajes «modernos» y linternas de batería, y se pone la piel de gallina imaginar las condiciones de trabajo actuales y anteriores (época colonial); por eso, durante todo este tiempo recorriendo territorio minero de Perú y Bolivia, en cada pueblo se puede observar el testimonio de cientos y cientos de tumbas en los cementerios.

Un tramo realmente bonito del viaje que estamos realizando va de Potosí a Uyuni y se realiza al cien por cien por pistas de ripio. Es un trayecto realmente precioso que nos asombra con el constante cambio de paisajes y alturas, y casi al final del trayecto nos encontramos con la que actualmente es la fantasmagórica ciudad de Pulcayo). Antigua ciudad minera de plata, plomo y zinc, y antiguamente comunicada por una faraónica obra de ingeniería que hacía llegar el ferrocarril, tiene en su más que abandonada estación de trenes el recuerdo de nuestros antiguos amigos: Sundace Kid y Bush Cassidy, y aún existe la locomotora que asaltaron estos bandidos apropiándose de la paga de los mineros (existe una película protagonizada por Robert Redford y Paul Newman que narra las fechorías de estos bandoleros).

El salar de Uyuni

Con una altura sobre el nivel del mar de 3.700 m, el salar de Uyuni es el más alto y extenso del mundo, con 12.000 km² de superficie y 65.000 millones de toneladas de sal producto de la desecación del antiguo lago Minchin (de la época glaciar).

Sencillamente impresionante, con sus más de 300 km de longitud, el salar de Uyuni es una superficie totalmente plana, de radiante sal, por la que se puede circular con los ojos vendados, a la velocidad y en la dirección que se quiera. Está salpicada de vez en cuando por unas islas que sobresalen de la superficie salada y que son usadas por los viajeros para descansar de la intensa luz que se refleja en la inmaculada superficie, que hace obligado el uso de gafas de sol y crema para evitar quemarse.

Nos ha impresionado a todos porque de ciudades, catedrales y otro tipo de curiosidades, cada una con sus matices, ya estamos «acostumbrados». Pero esto es totalmente nuevo; no es nieve, sino sal, con un espesor de entre 2 y 14 m, y nos permite hacer lo que queramos mientras circulamos por su superficie; es una sensación súper agradable y extraña a la vez. A medida que los rayos solares calientan la superficie, se generan charcos de agua entre los curiosos hexágonos que dibujan la superficie del salar y que desaparecen en cuanto la temperatura desciende por la noche. Existe una ruta por la cual desde Uyuni y cruzando todo el salar, además de un par de «pasos» de más de 5.000 m de altura por la cordillera de los Andes, se puede llegar hasta San Pedro de Atacama. (Lo dejamos pendiente para otro viaje y otro vehículo.)

De todas maneras, es poco recomendable adentrarse con nuestros vehículos en el salar, porque seguramente esta experiencia nos pasará factura (se crea una capa de sal pulverizada por todos los rincones del vehículo) y a la larga aparecerán el óxido, los problemas eléctricos, etc., pero la vida está llena de tentaciones y ésta es una de ellas...

Bajando de las nubes

Salimos del pueblo de Uyuni, con dirección sureste, hasta la Quiaca (frontera con Argentina). La pista, que en un principio pensábamos que sería de trámite, fue de nuevo un extraordinario trayecto, tanto por los paisajes como por la conducción. En este tramo atravesamos zonas de dunas rojas (a más de 3.800 m) y pasos montañosos por encima de los 4.200 m, y todo ello circulando por unas pistas en las que sólo cabía un coche. Es una pista de 300 km en la que sólo nos cruzamos con una docena de vehículos 4x4; un trayecto muy recomendable para quien no sufra vértigo y disponga de un buen 4x4. De todas maneras, en todo tramo «complicadillo» como éste, disponer de uno u otro vehículo sólo lo hace más cómodo o «interesante» (depende de si uno circula al ritmo al que le gustaría ir o al que le permite la mecánica del vehículo). Algunos tramos son especialmente «bonitos», por ejemplo, en las proximidades de Atocha, un pueblecito minero al que se accede solamente por el lecho del río durante más de 20 km, o sea, que en época de lluvias deben quedar prácticamente aislados (más si cabe, ya que el pueblo se encuentra en medio de la nada).

La llegada a la frontera entre Bolivia y Argentina es un alivio por fin después de muchos días. Encontramos asfalto de nuevo y en la frontera volvemos a tener una de esas experiencias que te curten y demuestran que, en contra de lo que uno cree, a veces se tiene poca paciencia. Llegamos al puesto fronterizo de La Quiaca por la noche, de manera que cuando abrieron la frontera estábamos los primeros; dato poco relevante ya que tan sólo había otro coche más en la cola. El supervisor del puesto nos hizo varias preguntas de rigor: edad, nacionalidad, número de pasaporte, etc., al mismo tiempo que rellenaba un impreso con las respuestas. Cada pocos minutos se levantaba y desaparecía durante más de una hora, por lo que nosotros dedujimos que tal vez era el responsable del puesto fronterizo y debía tener otras obligaciones que atender. Esto se repitió varias veces y durante toda la mañana; sinceramente, ese documento se debe poder rellenar en un par de minutos, pero el oficial nos tuvo desde las 7.00 hasta las 16.30, cuando finalmente puso un sello y nos entregó el documento oficial que había estado rellenando...

Éste también fue un lugar de despedidas. Después de convivir durante tres largos meses, Pere y Àngels regresan a Europa; esperamos volver a coincidir en algún otro lugar del mundo con ellos. Gracias por vuestra amistad y compañía, os echaremos de menos.

A partir de aquí seguiremos el viaje en solitario y, aunque era el proyecto inicial, la verdad es que las partidas de cartas a cuatro manos son mucho más divertidas y echaremos en falta las largas veladas de interesantes conversaciones. Vamos descendiendo hasta las cotas de altura que nos simplifican la vida; el agua vuelve a hervir a los 100 ºC y se puede cocinar arroz con los veinte minutos «habituales»; la comida se mantiene más tiempo caliente; andar o hacer cualquier esfuerzo no supone darse cuenta de lo mal que llevamos el tema físico, etc. En fin, esas pequeñas cosas que hacen la vida más agradable…

Ya en tierras argentinas y circulando hacia el sur por la Ruta 9, visitamos las ciudades de Jujuy y Salta, y parajes como el Cerro de los Siete Colores y la quebrada de Purmamarca hasta llegar a Córdoba. Después de una rápida visita a la ciudad, nos dirigimos a Carlos Paz, una pequeña población muy turística a orillas del lago San Roque. Coincidimos con el mundial de rallies, donde sin duda lo más destacable es el ambiente y la camaradería entre los seguidores. Nos sorprendió gratamente conocer en persona la gran cultura que se tiene en el tema del automovilismo, ya que se viene arrastrando esta «cultura» desde la época del gran Juan Manuel Fangio (en los años cincuenta); vehículos cargados de amigos; familias enteras desplazadas desde sus residencias a más de 500 km; grupos de lo más variopinto que se pasan los cuatro días que dura la competición desplazándose, durante la noche, hasta los sitios más inaccesibles y poder situarse en los más espectaculares, pero como esto sucede con cientos de aficionados, la verdad es que se parece muchísimo a una «romería» en la que se bebe, se canta, se comparte, se juega a las cartas… pero sobre todo se come. Comer toma aquí una dimensión casi de ritual; cocinar las típicas parrilladas de buenísima carne se puede prolongar hasta cuatro horas, dando así una imagen de «incendio» al monte, ya que cada uno de los «grupos» de amigos cocina con fuego a tierra, con las consecuentes columnas de humo que se pueden contar por cientos.

Fangio, la leyenda

Viajando solos y para dosificar el ímpetu que tenemos de seguir recorriendo grandes distancias, estamos aplicando una técnica, muy básica, que consiste en llenar el depósito de combustible como máximo una vez a la semana. Con esta restricción estamos optimizando mucho la economía, a la vez que ralentizamos el ritmo.

Es como si hiciésemos un viaje desde Barcelona hasta Sevilla y cuyo coste fueran 1.000 euros (entre gasolina y peajes de autopista). Podemos salir temprano por la mañana de Barcelona y llegar por la noche a Sevilla, y nos habremos gastado esos 1.000 euros; en un día de viaje, si el mismo recorrido lo podemos hacer a lo largo de treinta días, el coste del viaje será el mismo. (Incluso menos por no tener que utilizar autopistas). El tiempo, ése es nuestro gran tesoro viajando; disponer de él para administrarlo a nuestro gusto.

Con esta filosofía nos dirigimos hacia el sur siguiendo la costa. En esta época (junio) empieza aquí el invierno y realmente se nota; todos los pueblecitos costeros aparecen casi desiertos, con excepción de los asiduos aficionados a la pesca, que en esta costa disfrutan de un paraje privilegiado para la práctica del deporte. Se presume una zona con muchísima actividad en verano, con hoteles, restaurantes y balnearios; los hay a cientos por la zona, pero esta época del año, con temperaturas nocturnas cercanas a los 0 °C, realmente no invita demasiado a disfrutar de sus espléndidas playas y paisajes llenos de dunas cercanas al mar. Hemos permanecido por aquí hasta llegar a Mar de Plata, enorme ciudad costera que visitamos y en la que pernoctamos para posteriormente dirigirnos a Balcarce y acudir a una de las asignaturas pendientes en Argentina: el Museo del Automovilismo Juan Manuel Fangio, que seguramente ha sido el mejor piloto de todos los tiempos. Cinco veces campeón del mundo de F-1 con cuatro marcas diferentes de coche, participó en doscientas competiciones y obtuvo ochenta victorias. Por poner un ejemplo, con el Mercedes (llamado «flecha de plata»), en veinte participaciones obtuvo once victorias y cinco segundos puestos. Su aparición en competiciones europeas se inició con unas precarias condiciones mecánicas y económicas, enfrentándose a los grandes pilotos europeos sin conocer los escenarios donde iba a competir; haciendo de mecánico en su coche; conduciendo el camión en los traslados de un circuito a otro… Así y todo, en su primer año en Europa, de diez carreras en las que compitió ganó en seis ocasiones. Pero antes de llegar a Europa compitió en muchas carreras americanas, las cuales eran extremadamente duras para máquinas y pilotos, teniendo que conducir más de diez horas diarias y durante varios días por pistas de ripio y barrizales. Eran carreras que nada tenían que envidiar a nuestro actual

Dakar; por ejemplo, el Buenos Aires-Caracas (10.000 km) del año 1948, con aquellas mecánicas y un inimaginable tema de asistencia y pistas por las que transitar; el Buenos Aires-Lima-Buenos Aires (9.500 km), o el Campeonato Argentino (vuelta a Argentina, de 11.495 km).

Atrapa tu sueño

Nuestra estancia por la zona de Balcarce era solamente para realizar la visita al Museo del Automovilismo, pero como suele suceder cuando dispones de ese bien inexistente en la vida cotidiana, el tiempo, nuestra estancia se prolongó durante varios días; en primer lugar porque descubrimos un cámping maravilloso, el Ruca Lauquen, en la Ruta 226, km 35,5. Situado en la orilla de la Laguna Brava, nos permitió conocer a sus encantadores propietarios, una pareja joven con dos hijos que nos invitaron a cenar unas sabrosísimas lentejas y donde conocimos a otra pareja, propietaria de un horno de pan en Balcarce construido por su abuelo, Serafín González, en el año 1932 (emigrante español originario de Santander). El horno aún conserva exactamente las instalaciones y la «tecnología» de antaño, se cuece el pan con leña, se hace fermentar la levadura de un día para otro… En fin, el resultado es un pan buenísimo con un sabor que apenas recordábamos. Empujados por el frío invierno pusimos rumbo norte, en busca del calor, dirigiéndonos hacia la población de San Antonio de Areco. Una población que mantiene todo el sabor criollo y el ambiente de los gauchos, con muchas pulperías, antiguo despacho de bebidas donde también se expedía carne y «vicios» (yerba, azúcar, tabaco...). Existen varias estancias rehabilitadas para el turismo rural y en una de ellas, La Bamba de los Aldao –por cierto, la más bonita– nos atendió Isabel Aldao, que después de mostrarnos todas las instalaciones, a la hora de despedirnos, vio la Lola y fue un detalle determinante: pasamos de ser unos clientes a sus invitados. Muy cariñosa, nos comentó que esa misma tarde tenía que visitar a unos amigos muy especiales, Herman y Candelaria con sus hijos Pampa y Tehue. Candelaria y Herman son protagonistas de una increíble y emocionante aventura, que consistió en cumplir su sueño de viajar desde Argentina hasta Alaska, pero además lo hicieron a bordo en un Graham-Paige del año 1928; un viaje que en principio estaba planificado para seis meses, pero las innumerables sorpresas del camino cambiaron un poco sus planes: el viaje se alargó solo, durante cuatro años, en el transcurso de los cuales nació su hijo Pampa. Las casualidades nos llevaron a conocerles en su hogar, donde durante varios días hemos estado conversando, compartiendo inquietudes y disfrutando con su compañía y hospitalidad.

Contra viento y marea

En realidad, nuestra estancia en Argentina se está alargando más de lo previsto, pero a pesar del frío, la verdad es que es un país que te atrapa, apasionante para visitar, con gran diversidad entre sus provincias, buena comida y mejor gente, pusimos rumbo al noreste de Argentina, Uruguay y Paraguay hasta finales de julio, donde iniciaremos nuestra aventura brasileña. De momento, nos dirigimos al norte, concretamente a la provincia de Entre Ríos; el tráfico disminuye a medida que nos alejamos del gran Buenos Aires, cruzamos los famosos ríos Paraná y Uruguay, bordeando la frontera con Uruguay, y llegamos a una zona conocida por sus balnearios de aguas termales, donde nos tomamos nuestros bañitos; en uno de ellos, con agua salada a 40 ºC. Seguimos subiendo, siempre por el lado argentino del río Uruguay, y encontrándonos multitud de turísticas poblaciones, que son centro de veraneo por las playas de arena blanca, recostadas sobre la orilla del río y llegando a tener hasta 25 km de longitud en algún tramo. En esta zona nos hemos instalado durante varios días, aprovechando una tregua climatológica, acabando en una noche de lluvia torrencial y fuertes vientos que al día siguiente dejaron como testimonio inundaciones y árboles arrancados.

Con nuestra mentalidad de ahorro, estamos llegando a unos límites de imaginación de los cuales nos sorprendemos hasta nosotros mismos: de un pollo hemos conseguido comer casi una semana entera; primero lo cocinamos a la parrilla, después sirvió como complemento en las ensaladas, fileteado con patatas, en croquetas, como carne para los macarrones y el arroz, los huesos para caldo y dar sabor a los cocidos... Por suerte tenemos una nevera de gran capacidad que funciona con la batería de Lola, lo cual nos permite almacenar bastantes reservas en óptimas condiciones.

Coincidimos con la fiebre del mundial de fútbol, que aquí en Argentina toma dimensión casi religiosa, con televisiones por doquier; incluso en los colegios han habilitado un polémico programa para seguir el mundial desde las aulas. En un bar con mucho ambiente tuvimos ocasión de ver un partido entre Argentina y México, y que conste que ni a María ni a mí nos gusta para nada el fútbol, pero no deja de ser una experiencia ver un encuentro de este deporte en un bar abarrotado de hinchas, en un país que vive, se identifica y sobre todo sufre con su selección. El interior del local en sí era un verdadero estadio, con gente de todas las edades, equipados con camisetas, gorros, trompetas, etc., festejando cada pase de balón durante los 120 minutos que duró el partido; ni contar que en el tiempo de prórroga, cuando los argentinos marcaron el gol de la victoria, sin gustarme el fútbol me encontré abrazándome y cantando contagiado de la euforia colectiva.

Finalmente, entre lluvias torrenciales y ventiscas, cruzamos el puente internacional General José G. Artigas, que nos llevó desde la ciudad argentina de Colón hasta la ciudad uruguaya de Paysandu, primera villa de nuestro próximo país a visitar: la República Oriental del Uruguay.

Con los tangos de Gardel

En Uruguay, la climatología sigue poniéndonos a prueba, pero le estamos empezando a encontrar la parte positiva: no hay mosquitos, el color de las fotos es mejor, no encontramos aglomeraciones, etc., y además, estamos más «juntitos». La verdad es que las tormentas de agua están causando estragos, incluso en las zonas donde están acostumbrados; la paradoja es que no llueve en las montañas (donde hay una gran sequía), sino en las partes llanas donde el terreno no puede absorber toda el agua caída, ocasionando múltiples inundaciones, con cortes de carretera y bajas temperaturas. En la zona centro-norte, visitamos el pueblo natal de Carlos Gardel, Tacuarembo, y no lejos allí, en el valle del Edén, existe un museo dedicado al gran cantante uruguayo. Por esta zona todo gira alrededor del mítico Carlos Gardel: nombre de escuelas, hoteles, calles, cafeterías… incluso un magnífico cámping gratuito (con agua caliente) situado a menos de 1 km del museo. Cuanto más nos dirigimos hacia el este, más notamos el cambio del paisaje, con el color rojizo de la tierra y la vegetación subtropical. Seguimos teniendo que dar «media vuelta» debido a los cortes de caminos por culpa de las inundaciones; son demasiados kilómetros extra con el precio del gasoil muy caro, casi el doble que en Argentina. Con una tregua de la lluvia y acompañados por un agradable sol, parece habernos dado la bienvenida un paisaje lleno de palmeras, donde se «respira» la proximidad de la frontera con Brasil. Hemos llegado a la ciudad más oriental de Uruguay, Chuy, donde sin darnos cuenta hemos cruzado la frontera y nos hemos percatado de ello por las gasolineras, los letreros y las matrículas de los vehículos. Rápidamente nos dirigimos por el mismo camino hacia atrás, hasta encontrar gasolineras uruguayas, ¡menos mal!, porque si no, nos hubiesen sellado el pasaporte con la visa de Brasil para tres meses, y eso lo queremos reservar para más adelante.

La calidad de vida va mermando; se nos acaba el aceite de oliva pero, por el contrario, cada fría noche que conecto ese «mágico» interruptor y se pone en marcha la calefacción, me acuerdo de Agustí Campa, que me convenció para instalarla.

Uruguay y su costa

El trayecto desde Chuy por la costa es un verdadero culto a la ecología, tanto por sus parques naturales como por el comportamiento de sus habitantes. Visitamos, entre otros, la fortaleza de Santa Teresa y su parque nacional. En el Tratado de Tordesillas, por el que España y Portugal se «repartieron» los territorios del sur del continente americano en la época colonial, Portugal se quedó con el territorio más oriental (actual Brasil). La fortaleza de Santa Teresa era el bastión español que señalaba el punto sur, desde donde partía la «línea» imaginaria que separaba dicha repartición, con sus más de 1.000 hectáreas bañadas por el océano Atlántico, cuidado y mantenido en un estado impecable por un destacamento del ejército (cosa muy inteligente). Entre los servicios del parque se incluyen cámping, bungalós y servicio médico y odontológico.

En este tramo de costa existen diversos puntos para el avistamiento de ballenas y lobos marinos, además de multitud de observatorios de aves. Se puede encontrar también una gran variedad de especies forestales y fauna autóctona. Contrasta todo ello con la muy selecta península de Punta del Este y su ubicación geográfica, que le da la particularidad de ver el sol nacer y ponerse en el mar.

Esta zona cosmopolita y sofisticada parece una competición de diseño, colorido arquitectónico y buen gusto a la hora de construir. Es una ciudad muy concurrida por veraneantes de mucho «niveliti» –la Marbella de Sudamérica; no tenemos noticias de cómo anda el ayuntamiento–.

Montevideo es la monumental capital del país, con solamente dos millones de habitantes, un muy esplendoroso pasado y una actualidad algo más que «justa» por la permanente crisis económica.

Después de haber dado la vuelta por el país, el cual nos ha sorprendido agradablemente, llegar a su capital y ver la gran cantidad de comercios cerrados y el plan de ahorro energético, que deja a la ciudad sumida en un «ambiente» de penumbra, con sus innumerables y monumentales edificios, sin poder lucirse, nos hace recapacitar sobre el espíritu de sacrificio del país para seguir adelante.

Descubriendo gentes, olores, colores e incluso
a uno mismo a lo largo de casi 60.000 Km por Sudamérica.

Otro continente y otra filosofía, donde el ritmo de vida y el tiempo no se rigen por las estrictas manecillas del reloj. **(Argentina)**

Ushuaia, la ciudad más austral del mundo y capital de Tierra de Fuego. Donde ¡casi nos caemos del mapa! y se refieren al resto del mundo como el «Norte». **(Argentina)**

El solitario gaucho que, en mitad de la extensa Tierra de Fuego, nos sorprendió por su interés en el maestro Rodrigo y su *Concierto de Aranjuez*. **(Argentina)**

La gran Patagonia argentina. Cualquier descripción hecha a priori resulta ridícula al atravesar tan inmensa como inhóspita región.

Un común denominador de Sudamérica es la gran cantidad de animales en estado salvaje. Aquí, Lola con una manada de guanacos. (**Argentina**)

La zona sur de Argentina se encuentra permanentemente barrida por fuertes vientos. Las señales de tráfico son de lo más genuinas.

Un alto en la ruta panamericana, que discurre de Ushuaia a Alaska. A su paso por el norte de Chile, en el monumento llamado «La mano del desierto».

El valle de La Luna, en pleno desierto de Atacama, es un paraje de encantadora desolación en el que el viento ha esculpido montículos y hondonadas de sal, arcilla y yeso. Aquí no crece vegetación alguna y ver insectos es algo extraordinario. **(Chile)**

La gran cordillera de los Andes, entre Chile y Argentina, presidida por el Fitz Roy o cerro Chaltén, la montaña considerada sagrada por las tribus locales. **(Chile)**

Junto a Pere Marco, evolucionando el invento para contrarrestar los efectos de la altura y la falta de oxígeno en el motor de Lola. **(Perú)**

Es habitual que en los hoteles de la cordillera andina se invite a los huéspedes a tomar infusiones de coca, paliativas del mal de altura. **(Perú)**

El Titicaca, el lago navegable más alto del mundo, está ubicado en el altiplano peruano-boliviano y habitado por los punos, cuya cultura es un ejemplo perfecto de sostenibilidad. **(Perú)**

El *Yavary*, el barco de guerra encargado por Perú a Inglaterra que cruzó los Andes a lomos de mulas y consiguió navegar en el lago Titicaca ocho años después. **(Perú)**

Los mercados populares, bulliciosos y vistosos centros de riqueza cultural, han sido nuestra principal fuente de avituallamiento durante todo el viaje. **(Bolivia)**

En las regiones más selváticas de Sudamérica, las típicas pistas de tierra colorada han sido nuestras compañeras de viaje y se ha convertido en toda una epopeya transitar por ellas bajo las torrenciales lluvias tropicales. **(Brasil)**

El salar de Uyuni es uno de los parajes más extraordinarios y sorprendentes que pueden encontrarse en Sudamérica. Se trata de un inmenso desierto de sal a 3.600 m de altura que no deja impasible a nadie. **(Bolivia)**

La altura, la baja presión atmosférica y la falta de oxígeno tienen consecuencias en el organismo, la combustión de carburantes e, incluso, el volumen del «equipaje». **(Perú)**

Un rincón de Uruguay llamado «Conchillas», donde la gente sencilla se reúne en mágicas veladas en torno a la guitarra de «El Cosecha».

Como si de un gran zoo se tratase, sólo hace falta estar atento y mirar a ambos lados para disfrutar de la compañía de exóticos animales. **(Brasil)**

Eneko y Miyuki, una bonita historia de amor. **(Brasil)**

A orillas del gran río Amazonas, en Belem, el más caótico y «caliente» puerto amazónico. **(Brasil)**

Recorriendo juntos Sudamérica, compartimos con Oriol la fascinante Argentina de los gauchos.

¿Anfibio? No, es simplemente el FUN RACE en estado puro; para los que nos gusta el motor es un privilegio poder asistir en directo. **(Venezuela)**

Nuestros anfitriones en la Guayana Francesa, Frank y Hugette, con su barco *Brendan* al fondo.

Fuente de vida, sustento de muchos indígenas, culturas ancestrales respetuosas y en armonía con la naturaleza, el equilibrio entre sus moradores y el entorno acontece a orillas del río Amazonas. **(Brasil)**

Mi fan nº 1, Cándido, mi padre, en un rincón de la gran sabana. **(Venezuela)**

Los «itinerantes» médanos de la península de Coro obligan a las carreteras a tener fecha de caducidad. **(Venezuela)**

La tortuga Couro puede llegar a medir 2,70 m y pesar 700 kg. En época de desove se pueden contemplar en tierra firme. **(Venezuela)**

Vladimir, en silla de ruedas y tan sólo acompañado de sus recuerdos, da una lección de humanidad y prioridades a las nuevas generaciones. **(Suecia)**

En cualquier lugar y momento, compartiendo el mundo con Vicente Belles. **(Rusia)**

The Copyc

Este viaje empieza a darnos ese tipo de satisfacciones que buscábamos al iniciarlo; en primer lugar, la «desaceleración» de nuestra vida cotidiana (comprendida en tiempo y dinero). Y en segundo lugar, valorar y disfrutar de los sitios agradables, por encima de grandes urbes o lugares de renombre internacional (sin renunciar a ellos). Quiero decir con ello, que al «sacrificar» todo lo que dejamos atrás al iniciar este viaje (familia, amigos, costumbres, etc.), cabía la posibilidad de que la distancia, con todas estas cosas en forma de «añoranza», sacase parte del encanto al proyecto. Pero el antídoto contra esto es sentirnos a gusto y queridos con la gente que vayamos encontrando por el camino, con sus diversas nacionalidades, costumbres y mentalidades, al margen del lugar donde las encontremos. Evidentemente es muy difícil encontrar este tipo de relaciones en hoteles de cinco estrellas o restaurantes de lujo (que también nos gustan). Esto nos está sucediendo con la tranquilidad de llegar a los sitios y poder estar una hora, un día o una semana, dependiendo sencillamente de la conversación que se entable.

La idea de dar la vuelta al mundo no es la de hacer muchos kilómetros en un breve espacio de tiempo circundando el Globo, sino tener tiempo de disfrutar o sufrir los acontecimientos que nos vayan sucediendo, pero el «tiempo» es un bien al que nosotros hemos optado por darle una posición de privilegio.

En contra de nuestra habitual costumbre de parar a media tarde, buscando un lugar tranquilo, dando tiempo a conocer a algún vecino y poder entablar con él una conversación que diese como fruto confianza mutua y permitiese que nuestra pernoctación fuese tranquila, nos alcanzó la noche. Decidimos, pues, guiados tal vez por la experiencia, salirnos de la ruta principal por la que circulábamos, evitando así los riesgos facilitados por las grandes vías de comunicación. Dirigiéndonos en plena noche por un pequeño camino asfaltado hacia la cercana costa, transcurrieron casi 15 km en los que atravesamos algunos pueblos desiertos sin nadie a quien poder preguntar, sin apenas iluminación, salvo alguna solitaria bombilla que más que alumbrar, servía de punto de referencia.

Lo que a la luz del día son unos viajeros extranjeros que están de paso convirtiéndose, cuanto menos, en centro de curiosidad, propiciado por el idioma en común y el abierto carácter de la gente del campo, se convierte cuando cae la noche en unos desconocidos que acechan en la oscuridad, generando las mayores reticencias y desconfianzas. En este contexto llegamos donde terminaba el asfalto; entre caminos de tierra empezaba un pequeño pueblo que en la entrada un letrero anunciaba como Conchillas, una población costera del río de La Plata. Lo reducido de la población nos permitió recorrerlo en poco tiempo, haciéndonos rápidamente una idea del lugar; encontramos una pequeña construcción en medio de una gran extensión de terreno, rodeada por una sencilla valla de alambre, con una inscripción: «Copyc». Parecía un bar o local público, ya que se veían algunos vehículos aparcados y, entre las rendijas de sus ventanas, se vislumbraba luz en su interior. Decidimos, pues, entrar a preguntar si había algún inconveniente en que pasásemos la noche en su recinto y de paso que viesen que éramos una pareja sin ningún tipo de riesgo para ellos. Ni el local, ni el lugar, ni las nocturnas horas en que nos presentamos en nuestra situación de «apuro» por encontrar un lugar tranquilo donde pasar la noche hacían presagiar que viviríamos una de las experiencias que guardaremos con más intensidad en nuestros recuerdos del viaje.

Era una edificación muy sencilla y en el interior apenas había unas paredes pintadas de blanco con una chimenea encendida y un rótulo con la siguiente inscripción: «No te tomes la vida demasiado en serio, porque al fin y al cabo no saldrás vivo de ella». También había una mesa de billar en el centro del local y un pequeño mostrador donde podían servir bebidas y algo de comer. En verano se transformaba en un bullicioso local que albergaba a los navegantes argentinos que atracaban sus veleros llegados del otro lado del río de La Plata y que convertían al Copyc en algo parecido a un club náutico o de pesca, pero en el frío invierno y a falta de locales públicos, se reducía a una especie de punto de encuentro social de los pocos vecinos que vivían en Conchillas.

Nunca nos hemos encontrado con tan encantadores y novelescos personajes, cuyos orígenes, perdidos en el tiempo, no van más allá de adivinarse por los apellidos descendientes de italianos, búlgaros y griegos, pero que acompañados por el apodo, tienen toda su personalidad social implícita. Martín «Chichilo» es el responsable del Copyc, un urbanita renegado en busca de la calidad de vida que en el ajetreado Montevideo no encontró; con su afable carácter conocedor de todos sus vecinos, era el gestor de toda esta amalgama de personajes, capaz de mediar en una discusión o de servirle a alguien totalmente ebrio otra cerveza para «tumbarlo», dejándolo dormir en el local e impidiendo así que saliese en ese estado y se pusiese en peligro. Chichilo había desarrollado una técnica para cocinar pizzas en la parrilla que le había hecho famoso en los ambientes náuticos de toda la costa. Tenía como pareja una chica que se situaba en las antípodas de su ideal de vida; una chica muy bien situada socialmente, adinerada y con grandes propiedades que lo visitaba con regularidad desplazándose hasta Conchillas, pero el mundo de Chichilo era mucho más sencillo: su gente, el Copyc y, sobre todo, su tiempo. Mantenía que el secreto de su relación consistía en que: «Cuanto más separados, más tiempo duraremos…».

José «El Cosecha», antiguo deportista de élite olímpico en la especialidad de remo, representó a su país en las Olimpiadas de México 1968, y es en la actualidad un solitario bohemio, dueño de él mismo y de su tiempo, animador de reuniones en el Copyc y cantante en la intimidad. El Cosecha se ha convertido, pese a su avanzada edad, en un radical antisistema, o mejor dicho, se ha hecho su «sistema de vida»: vive en el bosque y es cazador furtivo en una zona donde los adinerados cazadores tienen su paraíso. El Cosecha está en contra de la caza «moderna», la cual se organiza y usa la última tecnología (emisoras, vehículos 4x4, etc.) para localizar y perseguir a las piezas hasta abatirlas. Él es mucho más primitivo y en cierta forma más coherente; organiza batidas de cacería donde cada cazador debe llevar consigo lo necesario para perseguir a la pieza durante horas o días (comida, tienda, ropa, etc.). Las piezas las persiguen a pie, siguiéndoles el rastro, y no usa perros ni ningún otro medio que no sea su instinto y experiencia. Cuando sale de caza, únicamente lleva dos cartuchos en la escopeta, pues considera que es un cupo razonable para equilibrar su habilidad de sorprender a la pieza o la de ésta para poder salir inmune del encuentro. Lo de furtivo es porque no se acoge a ningún tipo de permiso ni se somete a ley alguna en «su» bosque.

Un día que regresábamos después de ir a comprar comida a un pueblo vecino –nuestra estancia en Conchillas se prolongó durante varias semanas–, vimos en una curva, casi irreconocible, la vieja bicicleta de «El Cosecha» tirada en el arcén. Cuando a nuestra llegada lo comentamos, no se le dio mucha importancia, ya que era un personaje muy imprevisible y lo mismo estaba tres días seguidos en el Copyc, que no aparecía en semanas. El comentario quedó sin más trascendencia, hasta que apareció por la puerta en un estado lamentable; mojado, con la ropa rasgada, lleno de barro y muy indignado, diciendo que: «Los ingenieros que diseñan las carreteras con curvas no piensan en los borrachos que usamos bicicleta».

Pero «El Cosecha» no siempre fue un solitario; estuvo casado y, como él mismo afirmaba, «se casó y perdió como en la guerra». Un día recibió la visita de su hija, que aun manteniendo poco contacto con él, sabía que si tenía suerte, podía encontrarlo en el Copyc tocando la guitarra en la intimidad para sus amigos y cantándoles las canciones que él mismo componía. Ésta le regaló una guitarra nueva muy bonita con su funda para que estuviera protegida y, ante nuestra sorpresa, apenas dio muestras de alegría o sorpresa. Más tarde, y en privado, María le preguntó el porqué de su apatía frente a un regalo que de bien seguro era de su agrado y lo iba a disfrutar, a lo que «El Cosecha» respondió: «María, a mi edad y después de haber vivido lo mejor y lo peor que te puede brindar la vida, he aprendido que para no decepcionarte lo mejor es no ilusionarte»…

«Don Beto» era otro de esos personajes del que, por sí solo, ya se podría escribir una novela. Era un ex boxeador de ochenta años que confiaba básicamente en el whisky para su longevidad.

Delia «Rayto», dulcísima abuelita que nos hizo las funciones de anfitriona durante los días que estuvimos en Conchillas, mostrándonos todos los rincones y narrándonos historias que se perderán en el tiempo cuando ya nadie de su generación las cuente, vive junto a su marido «Otto», jubilado y ex trabajador de banca que estuvo esperando toda su vida poder disponer de tiempo para hacer realidad sus ilusiones: inventar, construir, pintar cuadros... En fin, todo un ramillete de actividades que estuvo soñando tras su mesa en aquella entidad bancaria y que en este pueblo de Uruguay está haciendo realidad.

El señor Mario Leal y su esposa, Lucía, son un maravilloso matrimonio empeñado en recuperar la historia de estas costas abanderando un precioso proyecto de recuperación del patrimonio histórico. Mario fue, durante muchos años, responsable de la restauración de Colonia de Sacramento, actualmente centro turístico internacional, pero cuando «aquello creció demasiado» volvió a los orígenes que le motivaron: pasear por las playas buscando pequeños tesoros que las olas traían hasta la arena en forma de botones metálicos de las guerreras de los marineros ingleses que habían naufragado durante los asedios a Colonia, o los diversos materiales que se dedicaban a recoger y restaurar para su casa-museo, con el fin de dejarlo como legado a las generaciones venideras.

Otros personajes, como Edgardo «Mangucho», testimonio vivo de una época de explotación de canteras que durante toda su vida sólo tuvo como horizonte el río de La Plata, o Néstor «Rey del Monte», que a sus 67 años nunca ha ido al médico y se sana con los remedios y conocimientos ancestrales que heredó de sus padres; vive de lo que le da la tierra y vendiendo madera cortada en el pueblo, acompañado por los animales silvestres con los que ha desarrollado una relación especial.

Conchillas fue una antigua colonia inglesa donde quedan, en forma de testimonio, sus casas con techo de chapa roja y que fue a finales del siglo XIX una importante población que, incluso, llegó a ser la primera población en toda Sudamérica en tener electricidad y poseer moneda propia. De sus canteras salieron la arena, la cal y las piedras para la construcción del gran puerto de Buenos Aires, en la orilla opuesta del río de La Plata. Pero fue David Evans, cocinero superviviente de un naufragio, quien dio impulso a la actividad turística del pueblo, construyendo un lujoso hotel donde se hospedaba largas temporadas la alta sociedad de Buenos Aires; el cementerio inglés patrimonio cultural donde descansan los pioneros de esa nacionalidad tiene la peculiaridad de que hacen entrar a los fallecidos por la puerta principal y los «vivos» sólo pueden acceder cruzando por una escalera el muro exterior.

Paquete recibido

Uno de los motivos por los que escogimos realizar el viaje con este tipo de vehículo, entre otros, era la posibilidad que tienen de viajar y dormir en él hasta un máximo de cinco personas. Nos facilitaba el hecho de poder compartir parte del viaje con amigos y familiares, de manera que no fuera sólo una experiencia de dos personas, sino que otros se pudiesen sumar a la aventura por los diversos países que fuéramos visitando.

Es el caso de nuestro hijo Oriol, que aprovechando las vacaciones escolares y en plena revolución adolescente, después de aprobar in extremis –casi en *fotofinish*– el curso escolar, se ha unido a nosotros para compartir el viaje por el norte de Argentina, Paraguay y Uruguay. Después de regresar una vez más a Buenos Aires para recoger a Oriol en el aeropuerto y visitar la ciudad, nos dirigimos hacia el norte, hacia la región de Entre Ríos, una zona peculiar con gente muy hospitalaria y una historia íntimamente ligada a los dos ríos que delimitan sus tierras (el río Paraná y el Uruguay); zona que estuvo «aislada» hasta hace unos cincuenta años y territorio de los indios guaraníes, cuyas tierras se extendían por el antiguo Paraguay, hoy dividido entre el mismo Paraguay, Argentina y parte del sur de Brasil.

Estamos recorriendo los parques naturales de esta zona, de paisaje muy tropical. Transitamos por sus pistas de ripio flanqueadas por el río Uruguay y sus playas, por un lado, y por las grandes extensiones de palmeras que llegan hasta donde alcanza la vista, por el otro. Estos palmerales se originaron con las semillas arrastradas por el río Uruguay desde el sur de Brasil. También es una zona de termas que a nosotros, en vez de relajarnos, nos están causando daños «colaterales» en forma de mareos y abatimiento, a causa del abuso que hacemos de ellas.

Tierra colorada

Dejamos atrás la provincia de Entre Ríos y Misiones, donde se dice que sólo existen dos estaciones: la de verano y la del tren de Posadas (el clima es «caluroso» todo el año). Seguimos el río Uruguay dirección norte, donde el mismo río es la frontera natural entre Argentina y Brasil, lo que implica un gran paso de contrabando entre ambos países al haber apenas 200 m de distancia entre las dos orillas y ser muy difícil de controlar por la prefectura naval. Desde que entramos en la provincia de Misiones vemos un paisaje de abundante vegetación subtropical, con sus características pistas de color rojo debido a la alteración química de las rocas basálticas con contenido de minerales de hierro en unas condiciones de clima cálido y húmedo.

Una curiosa característica de esta región es que sus habitantes son, en su gran mayoría, altos y rubios, descendientes de antiguos emigrantes polacos, alemanes, rusos, escandinavos y suizos que se afincaron aquí durante el siglo pasado.

Hemos tenido la oportunidad de navegar por el río Uruguay en una pequeña barca de remos, con la cual hemos comprobado la gran diferencia de caudal que existe respecto a los pequeños ríos de España. El agua, muy transparente y no demasiado fría, nos ha permitido darnos un agradable baño.

Toda esta ruta, salpicada de antiguas ruinas de misiones jesuitas (1650) es un importante atractivo turístico tanto a nivel nacional como internacional.

Reducto de naturaleza

Siguiendo la Ruta 2 y pasando por el pueblo de El Soberbio, nos adentramos por pistas en la selva con la finalidad de llegar al Parque Natural de los Saltos de Moconá, que tiene la peculiaridad de ser una larguísima falla que recorre el río longitudinalmente, al contrario de como ocurre en todas las cataratas. Durante 3 km las aguas del río Uruguay corren en dos cauces paralelos, separados por un barranco de hasta 12 m que sigue el curso del río y desde donde caen las aguas al lado brasileño, formando el gran salto del Moconá.

Por suerte, para llegar a este paraje sólo hay dos caminos; el primero (Ruta 2), con 48 km de pista y el segundo (Ruta 21), con 85 km. Nosotros hemos hecho los dos, uno para entrar y otro para salir; si no llueve son bastante transitables, pero las lluvias caídas últimamente y el tránsito de los camiones que transportan los grandes troncos desde las zonas más remotas y que dejan la pista con unas profundas «roderas» (huellas), han provocado que nuestra pobre Lola haya tenido serios problemas para no quedar «empanzada»; por otra parte, gracias a ello el parque natural se ha salvado del turismo masivo. Llegar a la garganta de los Saltos del Moconá es una excursión realmente divertida.

La primera parte, de aproximación al río, está llena de exotismo, belleza y dificultad, mientras que la segunda, una vez aparcados en la orilla, inicia una «travesía» de 500 m por la parte superior del río sorteando piedras y agujeros mientras avanzamos, durante más de hora y media, por dentro del agua hasta alcanzar el borde de la falla y poder contemplar en toda su longitud el magnifico espectáculo de los saltos. Durante estos días hemos podido contemplar muchos animales, mariposas de gran colorido, tucanes sobrevolándonos, serpientes nada amistosas, multitud de aves…

Cambiamos de ruta y pasamos de la orilla del río Uruguay a la del río Paraná, en la ciudad de El Dorado, para ascender hacia la ciudad de Wanda, famosa por sus yacimientos de piedras semipreciosas, ágata, amatista y cuarzo de color violeta, que aparecen en geodas (bolas huecas) dentro de la roca que antiguamente había sido lava proveniente de Brasil (120 millones de años atrás). En el interior de la lava se formaban «burbujas» de agua o de la fusión de diversos minerales, dando origen a estas geodas que afloran a ras del suelo o a muy pocos metros de la superficie, siendo bastante compleja la extracción de las «burbujas» enteras, labor que se hace a mano con cincel y martillo. Cuando se localiza una se hace un agujero e, introduciendo una vela, se ve el interior (con luz eléctrica genera muchos reflejos), pudiéndose determinar a priori la calidad de la piedra.

La zona norte de Misiones es un reducto de naturaleza tropical con muchos atractivos ecológicos, como el de La Aripuca, una especie de «monumento» a los árboles de la zona que han ido desapareciendo por la sobreexplotación y la tala indiscriminada.

En un lugar mágico donde se percibe la energía de la naturaleza y rodeado de una vegetación selvática, llegamos a la ciudad Puerto de Iguazú, en el que existe el famoso hito de las tres fronteras, un mirador, en tierras argentinas, desde donde se pueden observar las costas de los países vecinos, Brasil y Paraguay, sólo separados por la desembocadura del río Iguazú al Paraná.

Cruzamos por el puente internacional (Argentina-Brasil) para, una vez en territorio brasileño, volver a cruzar otro puente, el de La Amistad (Brasil-Paraguay), y poder visitar desde este país la macropresa hidráulica de Itaipú, la segunda más grande del mundo, que comparte titularidad entre Paraguay y Brasil. Impresiona tanto por la obra en sí, como por el impacto que tuvo sobre una ecología tan rica como la de esta zona.

De regreso a tierras brasileñas, volvemos a cruzar el caótico puente de La Amistad, en el que al ser frontera a su vez, los contrabandistas han practicado unos agujeros en la valla protectora desde los cuales arrojan la mercancía al río; y como ya han cruzado más del 50 % del puente, están en el otro país y la mercancía es recogida en el río por los «compinches» e introducida en el país. Es una zona «caliente» y el mismo día que lo cruzamos, un policía había muerto en el puente tras enfrentarse en un tiroteo con unos delincuentes.

De nuevo en Brasil, visitamos un centro de recuperación de fauna autóctona con gran diversidad de animales, muchos de ellos decomisados a los traficantes ilegales. Cuando visitas estas regiones, te das cuenta de lo depredador que es el ser humano (desde 1930 hasta hoy se ha extinguido el 89 % de la selva en esta zona).

Las cataratas de Iguazú, junto con su flora y su fauna, forman un importante atractivo turístico a nivel internacional. El río Iguazú (nombre guaraní que significa «aguas grandes») nace en Brasil y, antes de desembocar en el río Paraná, alcanza un desnivel de más de 70 m de altura donde el agua se desploma de forma vertiginosa para dar origen a las famosas cataratas.

Visitamos las cataratas desde las dos orillas: la brasileña y la argentina, y curiosamente, siendo el mismo salto de agua, cambia totalmente la perspectiva: desde la orilla brasileña se aprecian todas las cascadas frontalmente, a una distancia de 200 m, lo que permite apreciar la inmensidad del espectáculo, mientras que desde la orilla argentina se observan, desde unas pasarelas que te llevan por encima y por debajo, sus grandes y múltiples saltos hasta llegar al más famoso de todos ellos: la Garganta del Diablo.

En este privilegiado lugar se desarrollan todo tipo de actividades deportivas y de aventura (*rafting, puenting*, senderismo…) y culturales (muestras y exposiciones). En la región de Misiones hay un problema importante de abastecimiento

de combustible, con largas colas en las gasolineras para poder optar a llenar el depósito, debido a que es un «corre-
dor» entre dos países vecinos muy cercanos (Paraguay y Brasil) donde el precio de los combustibles es el doble que en
Argentina. Esto ha instaurado la «costumbre» de cruzar la
frontera para llenar los depósitos de los automóviles y, aún
con más «picaresca», se llenan unos depósitos de plástico (de
unos mil litros) que se arrojan al río y, dado que el gasoil pesa
menos que el agua, los depósitos flotan y con unas pequeñas
lanchas se arrastran hasta la otra orilla.

Entre plumas y colmillos

Una vez visitamos la zona norte de la región de Misiones, nuestro próximo objetivo fue la reserva natural de Los Esteros del Iberá. Alejado de las rutas turísticas habituales y tras recorrer cerca de 140 km por pistas de arena donde Lola no tuvo ningún problema, llegamos al pequeño y tranquilo pueblo de Colonia Carlos Pelligrini, con sus calles arenosas, sus ranchos de adobe y una auténtica muestra de arquitectura correntina. Al recorrerlo da la sensación de volver atrás en el tiempo; sus comercios funcionan sólo a nivel vecinal y, aunque empiezan a proliferar algunos hoteles minimalistas, de momento todos están de acuerdo en conservar la limitada y actual afluencia a los humedales para preservarlos.

La laguna del Iberá es la reserva natural más extensa de Argentina, con 13.000 km² de gran riqueza animal donde se albergan yacares (cocodrilos), carpinchos (capibara), ciervos de los pantanos, lobitos de río, corzuelas, boas curiyu y más de trescientas especies de aves que pueden ser observadas a muy corta distancia.

Asiento vacío

Estos últimos días del mes de julio los hemos dedicado a recorrer los rincones con «encanto» que más nos gustaron; lugares típicos y rurales donde se puede conocer el verdadero espíritu de los antiguos gauchos, con sus pulperías y estancias, como la de La Bamba de los Aldao (cerca de San Antonio de Areco), donde estuvimos invitados a un elegantísimo y sabrosísimo asado al más puro estilo gauchesco. Isabel Aldao, la magnífica anfitriona de La Bamba, junto con sus hijos, invitaron a Oriol, que estuvo hospedado, pudiendo disfrutar de todas las actividades de la estancia: cabalgatas con caballos, comidas típicas, excursiones al río, compartir la sobremesa con diversos clientes hospedados allí y provenientes de diversos lugares del mundo...

El agradable recuerdo que me llevo de estas tierras tan lejanas de España es que es un país muy grande, mayor de lo que me imaginaba, donde todas las cosas están a muchos kilómetros de distancia unas de otras, pero eso no impedía a la gente ser aún más amable, si es posible, en cada nuevo lugar en el que hemos estado.

He aprendido muchas cosas, todas siempre recibidas con risas y «buena honda» (como se llama aquí). Una de las cosas que más me han gustado ha sido conocer el carácter amable de la gente, que con cualquier excusa entablaban una agradable conversación. También he tenido ocasión de conocer chicos y chicas de mi edad con los que he podido comparar la diferencia de costumbres que tenemos entre nuestros países, aunque en el tema de trasnochar las costumbres son las mismas, al igual que con el msn... También me ha sorprendido mucho la gran diferencia que hay con el tema ecológico, no sólo a nivel de diferencia de animales y fauna en general, sino también en la cantidad de espacios naturales que se conservan y se esfuerzan por mantener. Los paisajes son tan extensos y diferentes que es muy difícil describirlos, y aun sufriendo una severa sequía, los ríos tienen unas dimensiones espectaculares comparados con los «riachuelos» que se ven en España. Con muchos y buenos recuerdos me despido de una Gran Argentina que me ha enseñado muchas cosas que ignoraba que existían, por eso agradezco haber conocido todos estos paisajes y dejar aquí a tantos amigos. Gracias.

ORIOL TORNABELL (02/08/2006)

Después de compartir juntos durante 28 días cuatro países y 5.217 km, y tener que oír 2.743 veces el CD de La oreja de van Gogh, Oriol regresa a España, donde saciará su abstinencia de jamón serrano, Messenger y el trasnochar veraniego.

A Oriol le sorprendió la gestión de nuestra economía de supervivencia durante toda su estancia con nosotros, hasta el punto de que el día de su despedida en el aeropuerto, en el momento del embarque, María le entregó un paquete que le había preparado con galletas, unas golosinas y algún que otro tentempié para que tuviera algo que comer durante el viaje, y su reacción fue la de devolvérnoslo diciendo: «Quedároslo vosotros, que os hace más falta que a mí».

Bom dia, Brazil

En pleno invierno austral y con «sólo» tres meses de retraso, nos hemos despedido definitivamente de Argentina; con un sobreesfuerzo hemos conseguido superar el «hechizo» de estas tierras y su relinda gente. Harían falta muchas palabras para poder describir todo lo que hemos vivido estos meses recorriendo este enorme, bonito, diverso y rico país. Nos llevamos muchos amigos en el recuerdo y estamos convencidos de que no es una despedida, sino un hasta pronto.

Al fin entramos definitivamente en Brasil, por el peculiar pueblo de Chuy, donde la avenida principal es la línea divisoria entre Uruguay y Brasil. A medida que nos vamos adentrando vamos apreciando un cambio de paisaje, mucho más espeso, y ya empiezan a verse grandes plantaciones de plátanos. Además, la gente es de piel más oscura (salvo los reductos de colonizadores alemanes) y observamos gran cantidad y variedad de animales a nuestro paso. Decidimos cruzar con una «peculiar» balsa desde Río Grande hasta São José do Norte, para evitar la carretera asfaltada y poder circular por las pistas de arena de esta península a nuestro ritmo y sin prisas, encontrando las primeras playas rodeadas de dunas de arena blanca; aunque el tiempo sigue desapacible, la temperatura va subiendo poco a poco a medida que ascendemos hacia el norte.

Antes de llegar a la costera ciudad de Torres, encontramos un lugar para pasar la noche situado en la playa y nuestra sorpresa fue que, a menos de 200 m de la orilla, había una familia de ballenas con algunas crías que en los próximos meses emigrarían hacia el sur. Era todo un espectáculo poderlas contemplar a simple vista desde la arena de la playa, sin necesidad de embarcar o de usar prismáticos.

Algo que nos llama la atención en Brasil es la gran cantidad de camiones, a cientos, de todo tipo y medida, que encontramos en las rutas principales. En este inmenso país, en el cual es casi inexistente la red ferroviaria, el transporte por carretera y fluvial son las grandes arterias de comunicación. Las carreteras están equipadas con unas espectaculares áreas de servicio donde, al parar el vehículo (encima de la «fosa»), te lo lavan, cambian el aceite y engrasan en unos pocos minutos mientras llenas combustible; todo muy eficiente porque los camiones no tienen tiempo de hacer el mantenimiento en los talleres. Casi parece un *Box* de carreras de Fórmula 1.

Algo que también nos sorprende es la variedad de combustibles: gas, gasolina normal, gasolina aditivada, alcohol, gasoil, gasoil filtrado y aditivado... Es casi un supermercado de combustible, y con tanta variedad a veces cuesta encontrar tu surtidor. Estas extensas e impecables gasolineras tienen casi las mismas comodidades que un cámping, equipadas con duchas, restaurantes, salas de estar y televisión, talleres, etc. Por las noches son lugar «seguro» de descanso para docenas de camiones y viajeros, ya que encontramos multitud de letreros que aconsejan no circular de noche.

En las carreteras principales, creo que por la gran cantidad de accidentes, está muy controlada la velocidad, con infinidad de radares y controles policiales; en algunos tramos de montaña con fuertes pendientes, algunas curvas están muy señalizadas, casi como si estuvieras rodando por un circuito de velocidad, marcando de forma descendente los metros que faltan para la curva. Después de varios días de conducir muchas horas, ya empezamos a ver las idílicas playas brasileñas de arena blanca, palmeras y surferos.

Pasamos por Paraty, reliquia colonial portuguesa, bien conservada y excepcional desde el punto de vista arquitectónico; ciudad donde coincidimos con una feria cultural del libro con mucho ambiente por sus calles, decoradas con motivos novelescos y de cuentos infantiles.

Próximo objetivo: Río de Janeiro. La exótica, bonita, cara, peligrosa, monumental, apasionante, cara, colorida, animada, cara, tropical, seductora, musical, cara, bulliciosa y excitante ciudad de lujosos apartamentos de dos millones de dólares americanos a escasos 300 m de los suburbiales barrios de favelas; con algún turista asesinado en un asalto nocturno y enormes y preciosas playas de arena blanca bordeando un mar azul intenso; todos los colores de piel imaginables y vistas aéreas sin necesidad de levantar los pies del suelo, donde la seguridad es sinónimo de inseguridad permanente y con vida, mucha vida, que invita a disfrutar al máximo de los cinco sentidos.

Hay muchos lugares que tienen algunas de estas características, pero sólo uno en el mundo que las reúna todas: Río de Janeiro. Con el Cristo Redentor de Corcovado, el Páo de Açúcar, el estadio de Maracana, las playas de Copacabana, Ipanema y Leblon, el barrio de Santa Teresa con su Bonde (tranvía), y el popular y animado barrio de La Lapa, esta ciudad es apasionante, no tan sólo para visitarla, sino para poder vivir en ella una temporada. Así como el país está formado por muchos «países» bajo la denominación de Brasil, esta ciudad es una amalgama de razas, costumbres, olores y sensaciones difíciles de describir, donde la gente se «busca la vida» de mil formas diferentes y casi todas se desarrollan en la calle, dando origen a un espectáculo permanente.

La gran vitalidad de la ciudad no la ha dejado caer en la «decadencia» urbana, o sea, que todo su patrimonio monumental e histórico lo conserva en muy buenas condiciones y, a pesar de sus 7,5 millones de habitantes, está en muy buen estado de limpieza. Lo que es inevitable es el horrible tráfico que hace de los desplazamientos toda una aventura a pesar del buen servicio de metro, autobuses y microbuses.

Toda una experiencia es ir a bañarse a sus famosas playas, que son un hervidero de gente que toma el sol, pasea y rinde culto a la estética y el cuerpo; donde los vendedores ambulantes se cuentan por docenas y ofrecen de todo, desde sombrillas hasta gambas a la plancha, pasando por bañadores, collares, helados, bebidas, frutas o puestos de masajes.

Las grandes ciudades son para nosotros sinónimo de gasto extra por no poder dormir dentro de Lola y tener que buscar hotel, así como por no poder cocinar y tener que recurrir a restaurantes o puestos callejeros de comida. Por último añadir que el hecho de dejar sola a Lola no es viable y siempre tenemos que buscar algún aparcamiento vigilado, con el consiguiente gasto.

En Río de Janeiro el objetivo de encontrar un lugar seguro para Lola ha sido espectacular; nos ha costado más de siete horas, debido a su altura (2,3 m) y a los aparcamientos rotativos, que no querían un mismo vehículo durante varios días seguidos. Esto ha agravado aún más el coste de nuestra estancia, siendo hasta ahora la ciudad más cara que hemos visitado (este mes no lo salvamos ni comiendo «sopitas»), pero como dice otra de las frases de nuestro amigo Vicente Belles, en su valenciano más auténtico: «Els diners i els collons, per a les ocasions…».

Buscando nuestra ola

Después de extasiarnos con Río de Janeiro, seguimos por la costa en dirección norte. Como es «invierno», la mayoría de lugares turísticos permanecen medio adormilados y las instalaciones típicas de verano (chiringuitos, restaurantes, cámpings, etc.) se encuentran con muy baja actividad, lo cual nos permite encontrar precios bajos y poca gente en las playas.

Estamos transitando lo más cerca posible de la costa, entrando en muchos pueblecitos a los que se accede por pistas de arena y tierra, y que cuando llueve (cosa frecuente en esta época del año) se convierten en verdaderos barrizales, muy divertidos de transitar...

Intentamos no circular por la BR 101, que es la carretera nacional que une todos los Estados por la zona costera y muy transitada, en bastante mal estado y peligrosa, aprovechando así para disfrutar del paisaje, la gente y los frutos del mar a muy buen precio.

De lo que nos estamos dando cuenta es de que las zonas y ciudades más «famosas» son, de alguna manera, los «Benidorm» de Brasil; lugares que principalmente en el sur congregan a los habitantes de Río, São Paulo y otras grandes ciudades. Aunque son sitios muy bonitos, nos inclinamos por zonas más rústicas y menos «turísticas», dado que todo el litoral está lleno de paisajes y playas de ensueño, y aprovechando nuestra «autonomía» en el aspecto de comer, dormir y desplazarnos, circulamos por itinerarios poco habituales pero con mucho encanto y más seguros.

La sensación que nos está dando Brasil es la de un país muy rico, hospitalario, lleno de vida y color; aun con sus problemas de pobreza y sobreexplotación del medio ambiente, se nota la gran potencia de recursos naturales de los que dispone. Durante muchísimo tiempo Brasil ha sido un pastel muy apetitoso para las grandes multinacionales, que con ayuda estatal, han hecho una depredación salvaje del país. Parece ser que en los últimos años esta tendencia se ha invertido hacia la protección patrimonial de recursos y fauna por todo el país, y lo cierto es que se nota una «concienciación» general apoyada por leyes gubernamentales de protección ambiental y reciclaje de materiales. Se percibe también un «nivel» de vida elevado, segundas residencias, un parque móvil moderno, mucha industria y grandes extensiones de terreno dedicadas a la agricultura, con enormes plantaciones de cacao, caña de azúcar, naranjas, etc. Las guías de carreteras están hechas con la base de fotos satélite sobre las cuales se trazan las carreteras y los pueblos, resultando muy prácticas para hacerse una buena idea de la zona.

En este enorme país, cualquier pequeño detalle se tiene que valorar, en el contexto de que a nivel nacional comporta un enorme esfuerzo tirar adelante desde los centros de salud (gratuitos) hasta el mantenimiento de las carreteras.

A pesar de la gran depredación que se le ha causado al país, no tiene ni punto de comparación con nuestra casi «estéril» Europa en el aspecto medioambiental. Aquí nos sigue sorprendiendo la visita de monos silvestres por muchos lugares, nadar entre tortugas en múltiples playas o tener que circular con precaución por la gran cantidad de animales que se cruzan en el camino.

Una bonita historia de amor

Dos vueltas al mundo que se encuentran en Brasil, Eneko y Miyuki, están haciéndolo a golpe de pedal, con un «tráiler» de bicicleta; me explico: a una bici tándem le han acoplado un remolque para poder llevar todo lo necesario para su viaje de ¡diez años!, en un bonito proyecto en el cual colaborarán, entre otras instituciones, UNICEF, Naciones Unidas, cooperación española y varias entidades más.

Eneko está compartiendo su segunda vuelta al mundo en bicicleta (la primera duró cuatro años) con su compañera Miyuki, brasileña de orígenes japoneses –total, un lío–. Se conocieron en el anterior viaje y Miyuki, a la semana de conocerse, lo dejó todo y decidió compartir su vida con Eneko, que le ofrecía un montón de sueños y sólo una realidad: pedalear.

Hace 18 meses que iniciaron el viaje en Ushuaia, y nosotros tuvimos conocimiento de su viaje por Internet, cuando preparábamos el nuestro. Nos encantó la idea de poder coincidir en algún lugar, y más o menos estábamos siguiendo el mismo itinerario; lo genial fue que inesperadamente, en un pueblecito costero, fuera de todo itinerario «normal» y tras doblar una esquina, les vimos por un segundo; tan sólo fue la parte trasera del remolque, pero automáticamente y con esa corta visión de apenas un segundo, le comenté a María: «¡Los vascos!». Les alcanzamos y quedamos en reencontrarnos al día siguiente en un punto del mapa; a partir de ese momento estamos viajando juntos, compartiendo agradables conversaciones y experiencias.

Aportando nuestro granito de arena a su proyecto, les estamos haciendo un poco más agradable el viaje; por ejemplo, por la noche, cuando compartimos la cena y dormimos los cuatro dentro de Lola, planeamos la etapa del día siguiente, el itinerario, dónde comeremos al mediodía… de manera que, cuando ellos llegan, ya les tenemos preparado el «avituallamiento», y por la noche paramos en cualquier playa o rincón y nos montamos nuestro propio *bivouac*. Algo que esta situación les da oportunidad de hacer, es que sin tener que cargar con todo el equipaje pueden circular por las playas cuando hay marea baja y atravesar los ríos en cualquier pequeña embarcación de pescadores; nosotros damos mientras importantes rodeos tierra adentro, procurando siempre seguir las pistas más cercanas al mar, con lo que nos metemos en algunos líos importantes por la dificultad del terreno y las múltiples pistas que van a ningún sitio.

Con todo, como siempre quedamos en coordenadas GPS o puntos «fáciles» del mapa, cada reencuentro es una aventura que se puede retrasar hasta 24 horas. No es fácil intentar seguir todo el litoral (las carreteras asfaltadas circulan a unos 50 km de la costa), pero ellos con sus «navegaciones» y nosotros con nuestras «excursiones» estamos disfrutando de la aventura de viajar. Juntos recorremos el litoral hasta llegar a la Costa del Descubrimiento, donde con 536 m de altitud, el monte Pascoal fue la primera señal de tierra avistada por la flota portuguesa al mando de Pedro Alvares Cabral, el 22 de abril de 1500. Actualmente, el Parque Nacional de Monte Pascoal alberga una pequeña comunidad de indios pataxo, que se encargan de su gestión desde el año 2000.

Una de las noches decidimos dormir en una de esas paradisíacas playas de arena blanca y largas palmeras llenas de cocos, pero a media noche se desencadenó una violenta tormenta de viento y lluvia. Nos despertó un estruendo muy fuerte y cercano, y desde la cama superior de Lola, donde dormíamos María y yo, le preguntamos a Eneko: «Eneko, ¿has oído ese ruido?», a lo que respondió: «Tranquilo, debe de ser un coco que se ha caído con la tormenta». Por la mañana descubrimos que, efectivamente, el estruendo de la noche pasada se debía a la caída de un coco a causa del temporal, pero un coco… ¡con palmera incluida! Por suerte, no cayó en la dirección donde nos encontrábamos aparcados con Lola, sino unos grados más allá; no tenemos ni idea de cuánto pesa una palmera, pero ésa debía de tener sus buenos 9 m de longitud, y no fue la única, ya que el terreno empapado de agua y el temporal de aire propiciaron la caída de muchas otras palmeras, convirtiendo en toda una yincana poder salir de aquella «paradisíaca» playa. Moraleja: las playas de cocoteros con tormenta, foto y *agur*…

Aunque Puerto Seguro fue el primer asentamiento portugués en el Nuevo Mundo, el desembarco se realizó unos 16 km más al norte, en Coroa Vermelha, ya que la zona donde se encuentra Porto Seguro está protegida por una barrera natural de corales que impidió la entrada de los navíos. Nosotros llegamos por tierra desde el sur, desde donde tuvimos que cruzar el río Buranhem en balsa de madera; el único problema era que dicha balsa estaba calculada para cruzar coches muy ligeros y, en cuanto cargamos a Lola, con sus casi 2.700 kg, se hundió unos 30 cm hasta apoyarse en el fondo, pero el responsable debía de estar acostumbrado a esta situación, ya que cruzamos así el río, de manera que durante la corta travesía estuvimos con los pies metidos en el agua, que casi cubría las ruedas de Lola. Esta situación se plantea en un país europeo y no tan sólo perdemos a Lola, sino que además salimos en los noticiarios por habernos ahogado.

Porto Seguro, ciudad histórica y turística por excelencia, con calles muy ambientadas y decoradas, playas paradisíacas, música y fiesta, fue donde nació la lambada, un baile cuya sensualidad hizo que se prohibiera durante algún tiempo. Tras encontrar una estupenda posada a muy buen precio por ser temporada baja, pudimos recorrer los lugares históricos de día y pasear por el casco viejo de noche (los 5.000 habitantes que tenía en 1980 se han convertido actualmente en más de 100.000).

El reino del cacao

Dejando la Costa del Descubrimiento, entramos en la Costa del Cacao, que hasta hace unos 25 años fue una riquísima y próspera área de producción de cacao, el cual tras la abolición de la esclavitud había sustituido al cultivo de la caña de azúcar, con unos sistemas obsoletos. La fiebre del cacao fue muy parecida a la del oro, repentina y una buena oportunidad para los esclavos huidos o liberados de nordeste, que acudieron en masa a las montañas que rodean la ciudad de Ilheus y Belmonte. A principios de la década de 1990, la plaga llamada «vassoura de bruxa» ('escoba de bruja'), afectó de manera brutal a las plantaciones de cacao y, por tanto, a la economía de la zona, dejando estas ciudades como testigos mudos de una colorista arquitectura colonial de una época de opulencia.

Siempre que seguimos el litoral, casi a tocar el agua del mar, tarde o temprano nos encontramos con la desembocadura de algún río, que no tiene puentes ni balsas para ser cruzado y que nos impide el paso, lo cual nos obliga a retroceder e intentar buscar pistas que, remontando dichos río, nos conduzcan hasta algún puente o en su defecto hasta la «carretera» principal. El problema es que, muchas veces, la distancia desde las desembocaduras de los ríos hasta el punto en que los podemos cruzar puede estar a más de 100 km de distancia y por pistas que, en la mayoría de casos, están bastante deterioradas, por lo que una vez atravesados, tenemos que volver en dirección a la costa por la orilla opuesta.

Eneko y Miyuki, con un poco de fortuna, pueden cruzar con la bici en minúsculas canoas de indígenas o de algún pescador. El último río que cruzamos (el Jequitinhonha) pudieron pasarlo por el delta, desde Belmonte hasta Canavieiras, en una canoa indígena durante una hora y media. Nuestro rodeo se prolongó algo más: tuvimos que dar una vuelta de 287 km, tardamos cerca de un día y concretamente cruzar un tramo de 14 km nos llevó más de dos horas. Realmente estaba en muy mal estado, pero tal vez sean de los paisajes más bonitos que hemos visto estas pistas entre plantaciones de cacao y siguiendo el cauce del río. Los habitantes de esta zona viajan por el río y sólo los «listillos» intentamos circular por tierra.

Los reencuentros con Eneko y Miyuki no son demasiado fáciles de coordinar, dado que los imprevistos en estas «travesías» son múltiples y los retrasos se cuentan por horas, por lo que hemos desarrollado un sistema que funciona bastante bien: cuando planificamos la etapa del día siguiente, concretamos unos «cruces» de caminos o carreteras en los cuales dejar «señales»; aunque en principio consistían en hablar con la gente que vive por allí, dada la poca fiabilidad (todo el mundo los había visto cuando aún no habían llegado, o al contrario), decidimos cambiar de método y poner un trozo de cinta americana en los postes que soportan algún letrero o señal de tráfico, en los que escribimos la hora y dónde nos dirigimos para pasar la siguiente noche. De esta manera sabemos si estamos delante (si no hay «señal») o detrás de ellos (si cuando encontramos la señal vemos escrita la hora en que pasaron). El sistema es para ambos, o sea, que si llegamos al sitio preestablecido y no encontramos la señal, se entiende que somos los primeros en pasar por allí y dejamos nuestras referencias –el día que nos «quiten» una señal nos la lían...

Alma africana

Cruzando en barco la mayor bahía de todo Brasil, con sus 56 islas, llegamos a Salvador de Bahía, antigua capital del país (entre 1549 y 1763), repleta de encantadoras calles adoquinadas, fachadas coloniales llenas de color y una enorme cantidad de iglesias que recuerdan la importancia histórica del Estado. El 1 de noviembre de 1501 (día de Todos los Santos), los portugueses llegaron a la actual bahía de Salvador, a la que se bautizó con el apropiado nombre de Bahía de Todos los Santos. Ya en 1700 era conocida por su licenciosa vida pública y su decadente sensualidad, lo que le hizo ganarse el sobrenombre de «Bahía de Todos los Santos y de casi todos los pecados». Como reflejan los rostros de sus habitantes, Bahía fue el destino de la gran mayoría de los esclavos africanos, provenientes del golfo de Guinea; los primeros llegaron a partir del año 1538, y el resultado es una cultura rica e hipnotizante. Gracias a su elevado número pudieron conservar gran parte de sus tradiciones africanas (comidas, religión, música, danza y rituales) y, de hecho, hay un plato típico consistente en una masa de alubias fritas y rellena de gambas secas con pasta de mandioca especiada y salsa que todavía se vende por las calles de Nigeria.

Auténtica encarnación del alma africana del país, es la ciudad más negra desde el punto de vista racial y también la más bulliciosa culturalmente. Aquí los descendientes de los esclavos africanos han sabido conservar sus raíces culturales más que en cualquier otra región del país.

Es fácil encontrarse con las «bahianas», mujeres que con sus trajes típicos son el icono de Bahía y que se dedican a la venta de comida por calles y plazas, y que también están presentes en las fiestas religiosas y tradicionales.

Solo pasamos
por Pernambuco

Después de varias semanas de muy agradable convivencia, llega el momento de despedirnos de Miyuki y Eneko. Han sido unos días interesantísimos en los que hemos compartido inquietudes, aficiones y patatas; estamos seguros de que volveremos a compartir algún otro rincón de este pequeño mundo.

Siguiendo rumbo norte, llegamos a Praia do Forte, pequeña población muy turística y con precios algo caros para nuestro presupuesto, junto a su encantadora iglesia y playas paradisíacas de arena blanca. Visitamos otra reserva de tortugas marinas del proyecto TAMAR, abreviatura del nombre portugués «Tartaruga» y «MaRinha» ('tortuga marina'). Este exitoso proyecto se creó en 1980, para invertir el proceso de extinción de cinco especies de tortuga marina en Brasil.

Hay unas piscinas donde nadan ejemplares de diversas especies de tortuga, que han sido recuperadas heridas de las redes de pescadores u otros accidentes, y aquí las cuidan y exhiben para fomentar el estudio y la educación medioambiental. La más grande es la Couro, que puede llegar a medir 2,7 m y pesar 700 kg, y la más pequeña es la Oliva, que mide 1 m y pesa 65 kg. Desde este centro, los investigadores protegen unos 550 nidos al año, a lo largo de 50 km de la costa de Praia do Forte. Tamar posee otros dieciocho centros por toda la costa y otros dos más en islas del océano.

Nos dirigimos al norte con algo de celeridad, cruzando los Estados de Bahía, Sergipe, Alagoas, Pernambuco y Paraiba hasta llegar a Rio Grande do Norte.

La costa de Pernambuco es una de las zonas de producción de caña de azúcar más importantes de todo el país; más allá del turismo, la economía de esta región sigue dominada por la producción de caña de azúcar. Cruzamos grandes extensiones de este cultivo y, cuando decimos «grandes», es en el sentido «sudamericano» y no en el europeo, es decir, que grandes zonas de cultivo significa conducir cientos de kilómetros entre plantaciones de caña de azúcar, que se extienden a derecha e izquierda más allá de donde alcanza la vista, lo que resulta sencillamente asombroso.

Un tema del que estamos tomando conciencia es que existe una gran diferencia entre hacer la compra durante el viaje o la que hacíamos cuando estábamos en casa. Viajando la compra se concreta en la comida (que debe ser muy económica, por lo que procuramos abastecernos en los mercados populares), gel para la ducha (que compartimos para optimizar el espacio) y, de vez en cuando, algún extra de poca relevancia; en cambio, cuando estábamos en casa cargábamos hasta los topes el carro del supermercado con infinidad de artículos que nos parecían imprescindibles… afirmando sin duda que seguramente el 60 % de los artículos eran absolutamente innecesarios.

Brasil se encuentra estos días sumergido en plena campaña electoral, muy peculiar y animada; el ruidoso sistema brasileño de propaganda es curioso y muy genuino: cada candidato tiene un número asignado y decoran los vehículos con sus fotos y ese número; dichos vehículos están equipados con unos megaequipos de altavoces, desde los cuales no paran de emitir música a todo volumen; música de canciones conocidas a las que se les ha puesto la letra con el mensaje electoral del candidato. No os podéis ni imaginar la potencia de estos altavoces, además del colorido y el ambiente; la realidad es que hay una gran cantidad de personas empleadas en las elecciones, hasta el punto de que hacen variar, en época electoral, las cifras de desocupados en todo el país.

Territorio *buggy*

Llegamos a la popular playa de Pipa, en sus tiempos enclave *hippy* y bohemio, y hoy día destino cada vez más caro y elegante, con una animada vida nocturna, buen surf y aguas transparentes repletas de delfines que saltan haciendo piruetas. Aquí nos «instalaremos» durante algún tiempo, descansando y disfrutando de sus maravillosas playas y del ambiente peculiar.

A escasa distancia se encuentra Natal, capital del Estado de Rio Grande do Norte, que se ha desarrollado como punto de entrada del turismo organizado con sus macrohoteles y rodeada por unas dunas impresionantes; sus principales atracciones son las playas, los paseos en *buggy* y la vida nocturna. Es una metrópoli de nueva generación que en los últimos quince años ha crecido de forma espectacular, con grandes edificios y centros comerciales.

También hemos hecho una visita al Anacardo, el árbol de su especie más grande del mundo, cuya copa tiene una circunferencia superior a los 50 m y que, con más de 150 años, sigue creciendo. Unos 50 km al norte de Natal, en la población de Maxaranguape, se encuentra el Cabo San Roque, que es el punto del litoral sudamericano más cercano a África. Por cierto, en nuestro intento por registrar el punto GPS más cercano al mar, nos metimos en otro lío, pues intentamos acceder por lo que parecía una pista de arena, pero al final sólo había una playa en la que la marea alta apenas había dejado una pequeña franja de arena, y como el camino hasta allí tenía un fuerte descenso, era imposible retroceder marcha atrás. Intentamos girar 180º sobre la pequeña playa y así poder tener inercia para regresar con Lola hasta el camino principal; aunque el terreno era totalmente de arena había una zona con algo de vegetación que permitía la maniobra; una vez pusimos a Lola sobre esa zona de vegetación comprobamos que el suelo seguía siendo de arena extremadamente blanda, y antes de seguir y quedarnos atascados en la arena, decidimos mirar bien cómo maniobrar. Al abrir la puerta para salir, sin darnos cuenta golpeamos un panal de avispas rojas (éstas tienen un tamaño aproximado de 3 cm) y ni qué decir tiene lo enfadadas que se pusieron... Empezaron a atacarnos y picarnos, por lo que la única salida era correr por la playa o meternos dentro del agua; hasta aquí todo bien, pero el problema era regresar y poder entrar en la furgo, ya que estábamos solamente con el bañador y las gafas de sol. Teníamos dos opciones: esperar a que oscureciera y no fueran tan violentas o asumir una dosis de picaduras. Al final optamos por asumir el riesgo de las picaduras y el resultado fueron cinco estoques «campeones», que en un par de días y unos remedios «locales» quedaron resueltos...

Algo muy peculiar en esta zona turística es la gran cantidad de *buggys* que hay. Construidos en Brasil, estos vehículos de muy bajo mantenimiento, polivalentes, resistentes y
ligeros, son ideales como vehículo utilitario de uso diario o
para divertidas excursiones por las dunas y recorridos por las
playas. Si se dispone de tiempo y no importa tragar arena ni
despeinarse con el viento, es posible realizar una travesía de
740 km de costa entre Natal y Fortaleza, por la playa, a través de una bonita costa llena dunas y cruzando más de no-
venta largas playas durante varios días.

Cerca de Natal se encuentran las dunas de Genipabu,
el santuario por excelencia de los *buggys*, puesto que sólo
se puede acceder a ellas en este tipo de vehículo. Se trata
de dunas de más de 150 m que desembocan en el mar o en
lagunas interiores de agua dulce, donde es muy agradable re-
frescarse con un baño.

Pipa, destino europeo

Pasamos unos días instalados en Pipa, morada de delfines y tortugas que pertenece al municipio de Tibau do Sul, nombre indígena que significa «entre aguas», pues está cercado por la laguna Guarairas y el océano Atlántico. Es un área de protección ambiental con playas de agua clara y tibia, inmensos coquerales, piscinas naturales e imponentes acantilados cubiertos de mata atlántica.

Escogida entre las diez playas más bellas de Brasil, Pipa comenzó a hacerse famosa en los años ochenta gracias a los amantes del surf. Su infraestructura, caracterizada por el buen gusto y el confort, con posadas elitistas, *boutiques* y restaurantes de alta cocina, así como las muy agradables temperaturas, con sol todo el año, hacen de ella un destino popular. Una gran mayoría de europeos se instalan aquí para pasar grandes temporadas y también está de moda pasar el fin de año en estas playas; tanto que, a día de hoy, es difícil encontrar alojamiento para esas fechas en posadas, hoteles y hasta casas particulares.

La noche es una atracción aparte, cosmopolita y agitada; la noche «pipense» requiere de energía y de estar en forma, ya que como mínimo dura hasta el amanecer, frecuentada por jóvenes de todo el mundo.

El deporte estrella de estas playas es, sin duda, el surf. Las playas se llenan de surfistas en busca de olas, pero recientemente alguien más está ocupando un espacio importante en estas playas: unos enormes barriletes de colores que les dan una imagen muy especial; es el kitesurf, que consiste en deslizarse por el agua con la ayuda del viento. La combinación de vientos constantes durante buena parte del año hace que este lugar tenga unas condiciones perfectas para su práctica. Bajar por las dunas sobre tablas es una actividad que se practica todo el año, y Pipa tiene dunas ideales para ello. Reconocido como deporte en 1986, las dunas son invadidas al atardecer para hacer unas bajaditas.

Aquí en Pipa, como en otras muchas localidades, todo va en relación a las mareas, y los pescadores entienden muy bien de ellas. Pipa consta de cinco playas: Praia do Madeiro, Praia do Golfinhos, Praia do Centro, Praia do Amor y Praia das Minas, a dos de las cuales sólo se accede a pie, por la Praia do Centro; por lo tanto, la gente que sale a pasear por ellas también necesita saber hacerlo, porque es muy fácil el acceso con marea baja, pero muy complicado o imposible cuando es alta.

Cuando baja la marea, el paisaje se trasforma por completo, dejando mucho espacio para el ocio, ya sea simplemente bañándose en las piscinas que quedan naturales o pescando, jugando al fútbol o al frescobol, o a todas las actividades que se presten. Cuando la marea está baja, un trocito de «fondo marino» queda al descubierto, pudiéndose observar de forma relativamente fácil en todo su esplendor y belleza. Todos los animalitos que viven en primera línea de mar están visibles: erizos, caracolas, cangrejos, pececillos de colores, pulpos, pepinos de mar y muchas otras especies, lo que es todo un espectáculo en sí mismo.

Coincidimos con la semana del Festival Gastronômico da Pipa, en su tercera edición y de gran aceptación. Visitantes del ramo de todo Brasil gustan de conocer las novedades anuales y todos los platos del concurso están compuestos por ingredientes regionales; destacar que, siendo una localidad litoral, dispone de una gran variedad de sabrosos frutos del mar: cangrejo, pescado, ostra, langosta… siendo el ingrediente estrella, sin duda, el camarão (gamba); no hay que olvidar que estamos en la zona con mayores viveros y exportación de esta especie.

Tanto los nativos como los visitantes forman parte del jurado, de tal modo que cuando eliges un restaurante participante y el plato inscrito en el concurso (todos con el mismo precio), al finalizar debes rellenar un cuestionario dando tu opinión sobre: presentación, sabor y aroma, textura, combinación y servicio del personal.

Estos días hemos recibido noticias de trabajo. Un contrato de un equipo italiano para correr en el Rally de los Faraones que se celebra en Egipto. Una de las múltiples ventajas que tienen las nuevas tecnologías, es que te pueden contactar por correo electrónico estando en cualquier lugar; eso nos permite estar viajando mientras esperamos «noticias», y como sólo necesitamos un lugar y día de convocatoria para preparar la carrera, da igual tener que coger el avión desde Barcelona o desde cualquier otra parte del mundo.

Pipa está estratégicamente comunicada, con un aeropuerto internacional y vuelos directos a España desde la vecina ciudad de Natal. Allí nos dirigimos para comprar los billetes de avión en una agencia de viajes y, solicitando información, pregunté: «¿Cuánto nos costarían dos billetes de ida y vuelta a Barcelona?». María se giró y, mirándome, me preguntó: «¿Dos pasajes? ¿Por qué dos?». Le recordé que hacía casi diez meses que estábamos de viaje y que podía aprovechar la ocasión, mientras yo me iba a correr, para ver a la familia y los amigos, a lo que me respondió: «No, no. Buscamos un lugar seguro para poder estar con Lola y tú te vas a pegar botes con los "moros"». Esta reacción no tendría más importancia si no fuera porque los viajes que había realizado María, antes de conocerme, no habían superado los quince días. Nunca había estado tanto tiempo separada de su madre. Y después, juntos, tan sólo me había acompañado durante algunas carreras celebradas en Dubai, Túnez o Marruecos, y algún que otro viaje corto.

María no deja de sorprenderme y enamorarme cada día que pasa. Como nos dice Agustí, un buen amigo: «Rafa, tú sí que has tenido suerte encontrando a María. Cuídala porque es única pero a ti, María, te compadezco, porque de los locos que hay, uno te ha tocado a ti…».

María era una urbanita de costumbres fijas: su trabajo y sus horarios inamovibles eran su mundo; ni hablar de salir al campo, al que le encontraba todos los inconvenientes y defectos. Transcurrido un tiempo empezamos a vivir en nuestra pequeña casita de apenas 45 m^2, que habíamos ido arreglando poco a poco, situada a las afueras de la Santa Eulàlia y, más adelante, incluso llegamos a tener un huerto, árboles frutales, gallinas y un precioso bóxer llamado Shira, todo ello ante la incredulidad de su propia madre, Elisa, a la cual lo del gran viaje ya le pareció algo estratosférico.

María es de ese tipo de personas que irradia bondad y humanidad, muy sensible con los que la rodean. Su altruismo ha propiciado, a los que tenemos la suerte de compartir la vida con ella, una dependencia emocional muy importante, empezando por mí y siguiendo por todos y cada uno de los miembros de nuestra familia, además de los innumerables amigos. Esta dependencia era, en realidad, el talón de Aquiles de nuestro proyecto. Entre la larga lista de riesgos que podían abocar nuestro sueño de viaje al fracaso, existía uno muy real: la añoranza. Por suerte, la personalidad y el carácter de María, a pesar de los años transcurridos, no deja de sorprenderme diariamente por su paciencia a la hora de sufrir y consentir mis efervescentes inquietudes y largas ausencias. Además de su pragmatismo, por ejemplo, al decidir que empezáramos el viaje y el tiempo ya nos despejaría la incertidumbre de la nostalgia.

Adiós, Pipa

Después de que María haya pasado unos días de relax con Marilia en su posada, Aconchego da Pipa, seguimos nuestro viaje, un tanto acelerado ya que en Egipto he conseguido un nuevo contrato para la próxima edición del Rally París-Dakar que nos ayudará económicamente a seguir con nuestra aventura. Tenemos, pues, que salir de Brasil en menos de quince días antes de tener que renovar la documentación temporal de Lola. La opción más segura y fácil es la de volver al sur, hacia Argentina, donde ya tenemos contactos para poder dejar a Lola en lugar seguro mientras dure el rally. La otra alternativa es intentar llegar a la Guayana Francesa, lo cual es una gran incógnita y de la que no disponemos de ningún tipo de referencia, porque además de tener que cruzar el Amazonas y transitar por pistas sin demasiada información, no sabemos si allí nos permitirán dejar a Lola. Total, que como personas sensatas y «lógicas» decidimos dirigirnos al norte, hacia la Guayana Francesa, con el agravante de que si allí encontramos problemas, ya no tendremos opción de regresar a Brasil por un tema burocrático.

Nos seduce la idea de navegar por el Amazonas y cruzar la línea del ecuador, pero es un tanto arriesgado por el miedo a no llegar a tiempo a la frontera y poder sacar a Lola del país antes de que caduque la documentación. Por la ley de Murphy, los problemas empiezan el segundo día de viaje y, como no nos sobra el tiempo, y en contra de todos los consejos y principios para circular por estas tierras, decidimos circular de noche (algo bastante arriesgado). Ese día llevábamos más de quince horas conduciendo y, a media noche, entre el cansancio y los pocos reflejos, no pude evitar un hierro que estaba esperándonos en mitad de una curva; el resultado fue que, al intentar esquivarlo, salvamos el neumático pero no el depósito de gasoil, al que cortó como si de un cuchillo se tratara. Resultado: depósito reventado y pérdida de gasoil de noche, en una carretera nada segura y «complicada» en mitad de ninguna parte de Brasil. Como pudimos, llegamos a una enorme gasolinera que, entre otros servicios, ofrecía hotel con «compañía» incluida, y contactamos con un taller que nos permitió vaciar el poco gasoil que quedaba en el depósito y empezar la reparación. Ésta se prolongó durante gran parte de la noche, tiempo en el cual entablamos conversación con la *madame* del «hotel», que nos invitó a tomar una ducha en cuanto quedara libre alguna de las habitaciones… Después de la larga noche sin dormir, conseguimos reparar a Lola y ya estábamos de nuevo en la carretera y dirigiéndonos contra reloj hacia Belem, que es el puerto desde donde esperábamos encontrar barco para cruzar el Amazonas.

Navegando por el Amazonas

Después de conducir muchos kilómetros por carreteras y pistas de todo tipo, por fin llegamos a las orillas de una ilusión. Desde que empezamos a soñar con el viaje, éste era otro de los momentos largamente esperados: estamos delante del gran río, el Amazonas, aunque no es el idílico lugar que tantas veces habíamos visto en documentales y fotografías, entre la espesa selva y sus exóticos animales; más bien todo lo contrario, pues nos encontrábamos en un caótico y mugriento embarcadero de madera a las afueras de la mayor ciudad construida en la ribera del río Amazonas, Belem, pero no resistimos la tentación de tocar el agua, tal vez con la esperanza de que nos transmitiera toda esa energía natural que tiene después de recorrer su largo camino desde las altas cumbres de los Andes y cuyo cauce se transforma en esa gigantesca fuente de vida.

La bulliciosa y caótica ciudad de Belem que surgió a remolque del auge del caucho, es en la actualidad el motor económico del Amazonas. Más de la mitad de la mercancía la constituye el tráfico de madera, pero su puerto es un auténtico caos y la tarea de encontrar un barco que nos permita embarcar entre todo este laberinto de muelles, barcos, piraguas y gente se nos presenta de todo menos fácil, aunque apasionante...

Después de localizar la zona desde donde podíamos embarcar para cruzar el Amazonas hasta la ciudad de Macapá y, como en la vida si no arriesgas no ganas, por una de esas casualidades irrepetibles, encontramos una balsa que hacía el trayecto de Belem a Macapá y que accedía a llevarnos con Lola. Aunque la balsa no estaba preparada para el transporte de vehículos, el capitán nos dice que no hay problema, que de alguna manera lo solucionaríamos... La travesía tiene una duración de entre 38 y 45 horas dependiendo de las incidencias.

Después de una larga negociación de más de dos horas y media, llegamos a un acuerdo económico, pero el día y la hora de la partida aún no está muy clara; depende de si puede encontrar más carga para rentabilizar el viaje. De todas formas, a favor nuestro está que en la negociación incluimos poder embarcar inmediatamente a Lola y esperar embarcados, pudiendo dormir y cocinar en ella mientras durara la espera. Esta opción era perfecta, ya que buscar un hotel y un aparcamiento seguro en esta ciudad debe de ser un objetivo realmente duro y caro; además, en la zona portuaria, en la que no es para nada recomendable estar a partir de las cinco de la tarde por toda la «fauna» que merodea por allí.

Es importantísima la diferencia que hay entre el metro que separa el muelle del puerto y la balsa: en el muelle todo era gente merodeando, tocando a Lola y preguntando, que con la temperatura de más de 36 ºC y bajo un sol de justicia, era una situación aparte de «delicada» muy agobiante, pero una vez embarcados, toda esa gente ya no se acercaba a la balsa y, además, teníamos una manguera de agua para podernos duchar y refrescar. Debe de existir una ley no escrita de respetar los bienes una vez están embarcados, ya que con tan sólo alargar el brazo, cualquiera podría coger alguno de los paquetes cargados en las barcas.

Con María coincidimos en que el embarque ha sido una de las mejores y más auténticas experiencias que hemos vivido desde que iniciamos el viaje, muy difícil de describir por la frenética actividad del genuino puerto de Belem, por el ambiente y la manera de trabajar. Parecía realmente que estábamos en la época del caucho: todo se hace a mano, no hay grúas, ni ningún tipo de «tecnología» moderna; un montón de gente acarrea bultos que se cargan en la balsa; gente yendo y viniendo, trajinando todo tipo de mercancías: harina de mandioca, pollos, frutas, arroz, herramientas, etc., con un capataz (al más puro estilo colonial) responsable de contar todos los sacos que se embarcaban y un encargado de supervisar que todo estuviera bien colocado; todo ello entre mucha suciedad y ratas por todos lados, con el reloj del tiempo que parece haberse detenido a principios del siglo pasado.

A nosotros, que llegamos con una presión en el aspecto del tiempo muy importante, para nada nos importó estar contemplando este ambiente y este escenario ¡durante más de 28 horas!, que es lo que tardamos desde que embarcamos hasta que soltamos amarras.

A medida que se acerca al Atlántico, el delta del Amazonas se divide en un sinnúmero de ramales, ríos y canales que funcionan como «carreteras» en las que solamente se puede transitar en canoas o balsas, y los viajes en barco resultan una experiencia única, con algún que otro «susto». Como el de un barco de gran tonelaje que circulaba a bastante velocidad por uno de los meandros estrechos de un afluente y que nos encontramos en medio de la «curva», donde tuvo que variar la «trazada»; sin embargo, debido a su exceso de velocidad y volumen, no le dio tiempo a rectificar y consiguió esquivarnos, aunque no pudo evitar empotrarse contra la orilla con un ruido ensordecedor, embarrancando su enorme proa en medio de la selva. Si no llega a rectificar su rumbo, seguro que en estos momentos no estaríais leyendo estas líneas, porque Lola, el diario y todo lo demás estarían formando parte de fondo del Amazonas...

Los barcos que existen por aquí son lentos y ruidosos, pero la actividad a bordo es apasionante; la mayor parte de los barcos tienen dos o tres cubiertas donde se viaja hacinado y con pocos servicios. Se necesita una hamaca para viajar, ya que la única manera de poder dormir es colgándola del techo; así se optimiza el espacio, pudiendo transportar mayor número de pasajeros. Durante el día las hamacas se descuelgan, dejando el espacio libre para poder pasear o sentarse.

El precio del pasaje incluye habitualmente tres comidas diarias (normalmente arroz, judías, algo de pasta y pollo) y hay que examinarla bien antes de consumirla. Las cenas resultan particularmente sospechosas, ya que a menudo (y en el mejor de los casos) están elaboradas con las sobras de comidas de anteriores… ¡viajes!

La situación de Lola sobre la balsa es de total lujo y privilegio, primero porque nos permite abrir el portón trasero, teniendo acceso a todo nuestro material, además de poder utilizar la ducha, cocinar, etc., y después porque desde el interior, con la puerta lateral abierta, tenemos unas vistas privilegiadas de todo el paisaje, cómodamente sentados mientras trabajamos con el PC.

Aunque sólo estamos a escaso medio metro del agua, la navegación es muy tranquila por los lugares en que el río es estrecho, pero el tema cambia cuando navegamos por zonas en que, más que un río, el Amazonas parece un mar abierto, sin divisar la otra orilla (hay lugares donde el ancho del río supera los 25 km), con olas que barren la cubierta y balancean la balsa (sin quilla y con el fondo plano). Para redondear y hacerlo aún más emocionante, se navega a la vista, tanto de día como de noche, tan sólo con una brújula que iluminan de vez en cuando con el mechero de encender los cigarrillos.

La primera noche, además, nos barrió una lluvia torrencial, típica del Trópico, que no permitía apenas visibilidad. Estábamos navegando por uno de los tramos sin demasiada anchura, pero como es normal, nada malo ocurrió. A la mañana del segundo día llegamos a una isla de civilización, una ciudad llamada Breves, donde hicimos una parada para descargar y cargar algún material y algunos pasajeros. Habitualmente, a lo largo del recorrido, se hacen numerosas de esas paradas para que suba o baje gente o se cargue material, con una anarquía total; se llama desde la orilla a la balsa y ésta, sin dudarlo, se dirige hacia donde se encuentran los «clientes» para que suban a bordo.

El paisaje, aunque algo monótono, siempre tiene el aliciente de ver las peculiares embarcaciones con las que nos cruzamos o los indígenas que viven en las orillas. Estos dos días de navegación nos han permitido recuperarnos un poco de la paliza que nos hemos dado desde que salimos de Pipa, con muchas horas para poner al día nuestro diario y mucho tiempo para relejarnos y disfrutar del privilegio de poder estar aquí, navegando por el Amazonas.

Por la noche subí al puente a hablar con el «capitán» y, comentando cosas varias, me interesé por cómo se guiaba con aquella lluvia y sin demasiadas referencias. Con un gran aire de responsabilidad y asumiendo su papel de capitán, me respondió mostrándome con el mechero de encender los cigarrillos la brújula, y diciéndome que tan sólo tenía que seguir rumbo 280° durante cuatro horas para después virar a 330° y llegar a la entrada de un «paso» estrecho. Yo no acababa de entender el rumbo que llevábamos, porque estando en el ecuador y con ese rumbo, el Sol se tenía que haber puesto en el horizonte unos grados hacia nuestra izquierda y lo hizo por la derecha, además de que iluminaba durante sólo un segundo la brújula, y ésta estaba totalmente deteriorada por los años de exposición al sol. Como algo de brújulas, rumbos y esas cosas entiendo, y tal vez por curiosidad, fui hasta Lola para ver el GPS y, efectivamente, estábamos navegando

con rumbo diferente al que me había dicho el capitán: 230°
y cuando se lo comenté iluminando la brújula con mi linterna, sencillamente dio un golpe de timón y, a la vez que
me pedía que le regalase la linterna, me comentó que ya no
se veían bien los números de la brújula y tenía que comprar
una nueva. Acto seguido nos dirigimos a poner toda la documentación, el dinero y la máquina de fotos dentro de un
saco hermético que uso para submarinismo, y nos lo llevamos a dormir a la hamaca.

Desembarco

Al día siguiente seguíamos navegando por el Amazonas, haciendo diversas paradas y contemplando cómo se construyen en las zonas habitadas unas «pasarelas» de madera sobre el agua para comunicar las diversas casas, ya que el intento de abrir caminos en mitad de la densa selva y mantenerlos es mucho más complicado que construirlas. A la mañana del tercer día, nos estamos acercando a Macapá, ciudad por donde cruza la línea imaginaria del ecuador y puerto de destino de nuestra travesía, ubicado en uno de los lugares donde el Amazonas es más ancho y el tráfico de grandes buques que remontan el Amazonas hasta Manaos (a más de 1.500 km del mar) es más intenso.

Amanece con un poco de viento y nos disponemos a preparar el desayuno para poder estar en forma, ya que cuando desembarquemos tenemos intención de dirigirnos rápidamente hacia la frontera con la Guayana Francesa, que dista unos 600 km. Es curioso que, incluso con la existencia de una sola carretera, obtener información fiable sea sumamente difícil: unos dicen que es una pista en muy mal estado, casi intransitable; otros sostienen que desde que se abrió la frontera se construyó una carretera totalmente asfaltada y nueva.

A nosotros, ya un poco más relajados y teniendo varios días de margen para poder salir de Brasil, la verdad es que no nos preocupan demasiado las condiciones de la pista; nos interesa más poder desembarcar rápidamente y alejarnos de Macapá, que cualquier otra cosa. Pero como casi nada se ajusta al guión deseado, nuestra llegada a Macapá no es por el puerto «oficial», sino por un pequeño río a unos kilómetros al norte de la ciudad. Este «embarcadero» se encuentra a rebosar de pequeñas embarcaciones que se dedican al «trapicheo», y poder colocar la balsa en una posición óptima para el desembarco no es fácil; necesitamos darle la vuelta para poder bajar a Lola, pero como la marea ha empezado a bajar y el río se «estrecha», hay una amalgama de barcas de todo tipo que se amontonan las unas contra las otras.

Son las siete de la mañana y el capitán nos comenta que hasta que la marea no vuelva a subir y las barcas de alrededor salgan, no podremos girar la balsa y desembarcar. La previsión es que la marea suba a las tres de la tarde… Pues nada, paciencia y a contemplar el espectáculo de nuevo, esta vez de la descarga. La marea por fin ha subido y hemos podido dar la vuelta a la balsa; ahora el problema es que al subir la marea y con ella la balsa, el muelle para poder descargar ha quedado 1,60 m por debajo de nosotros, lo cual nos emplaza a tener que esperar otra vez a que la marea baje (a las nueve de la noche), y como lo que menos nos apetece es desembarcar de noche, intentamos negociar con el capitán permanecer por la noche embarcados o forzar el desembarco, a lo que el capitán nos pide más dinero por permanecer embarcados y añade que no se hace responsable del desembarco con marea alta, pero que nos ayudará en el intento.

Después de poner unas tablas de madera y ver que no son lo suficientemente resistentes para el peso de la furgo, optamos por ponerlas dobles (dobles sólo para dos ruedas, ya que sólo disponemos de tres tablas) y esperar que de esta manera puedan soportar los 2.600 kg que pesa Lola. Constatamos una vez más que no viajamos solos y que nuestro ángel de la guarda nos sigue acompañando, ya que un desembarco digno del Circo del Sol lo realizamos con éxito.

En mitad del mundo

Reemprendemos la ruta dirección norte y, a los pocos kilómetros de salir de Macapá, nos encontramos con un monolito bastante sencillo que indica que estamos cruzando la línea imaginaria del ecuador, o sea, que nos despedimos del hemisferio sur y entramos en el hemisferio norte; para nosotros es un hito muy importante del viaje, tanto como haber estado en Ushuaia o navegar por el Amazonas.

La ruta hasta alcanzar la frontera de la Guayana Francesa en su primera parte es asfaltada, pero a falta de unos 300 km el asfalto desaparece, dando paso a una pista que en algunos tramos está bastante complicada; por suerte estamos en época seca y esto nos permite avanzar con más o menos facilidad.

Llegamos a Iapoque, que es la última ciudad brasileña; para variar, las sorpresas no han terminado, pues para cruzar el río que nos separa de la Guayana nos piden más dinero que el que pagamos por la travesía del Amazonas. El hecho de tener un territorio francés en la otra orilla y que la moneda sea el euro, genera que los precios sean europeos. La Guayana Francesa es un departamento de ultramar de Francia, entre Brasil y Surinam, limitado al norte por el océano Atlántico.

Tras muchos intentos y descartando pasar la noche en esta población, ya que es una «zona caliente», finalmente conseguimos coincidir con otros vehículos para compartir el precio de la balsa, ya que sólo hay una y tiene el total monopolio de los precios. (Nosotros tuvimos que pagar evidentemente bastante más que los locales.)

Después de tres meses en Brasil cambiamos de aires, ¡y qué cambio! A nuestra entrada a territorio francés nos recibe un gendarme de fronteras francés que se dirigió a nosotros en catalán, contándonos que estuvo varios años destinado en el puesto fronterizo de Le Boulou (puesto fronterizo entre el sur de Perpiñán y el norte de Gerona), comentando que no era nada habitual ver llegar un vehículo español por aquellos lares… Fue como si aquella balsa que nos cruzó el río fuera en realidad una máquina del tiempo difícil de asimilar; parecía que nos había transportado desde Sudamérica hasta el centro de Francia.

Las carreteras están perfectamente asfaltadas, con señales de tráfico, las gasolineras nos parecen *boutiques* de lujo y hay mucho orden y policía; y todo este cambio en apenas quince minutos, que es lo que tardamos en cruzar el río. De todas formas, a nuestra llegada a Cayena, capital del departamento, nos damos cuenta de que tras la primera impresión de estar en Francia, aquí conviven los defectos de los países «ricos» (los precios, los controles policiales, las normas, la rigidez de los hábitos) con los defectos de los países «menos ricos» (la inseguridad, los robos, los asaltos, las noches «delicadas»…). Evidentemente, no es tan rentable robar en Brasil o Surinam como hacerlo en la Guayana Francesa de los euros.

A causa del gran nivel económico de esta región francesa, entre otros motivos generado por el centro espacial europeo, que con su población científica y técnica internacional de unas 2.500 personas genera sin duda un alto nivel en los precios, la situación es muy tentadora para los delincuentes de los países limítrofes, que en cuestión de minutos pueden llegar al centro de Cayena.

Guayana Francesa

Nuestra llegada a la Guayana Francesa nos ha generado un montón de sensaciones encontradas; por una parte el orden y la información, y por otra, la pérdida de ese ambiente espontáneo y extrovertido.

La estancia en este Departamento de ultramar francés nos ha centrado en dos objetivos: aparte de visitar el propio país, la visita al centro espacial europeo (desde donde se efectúan los lanzamientos de la nave espacial *Ariane*) y nuestra más urgente gestión a realizar estos días, que es la de encontrar un sitio de confianza para guardar a Lola, porque debido al gran número de asaltos y robos, la gente es muy reticente a tener confianza con unos «viajeros».

Del centro europeo espacial, fue muy interesante la visita guiada, en la que durante más de tres horas y desplazándonos por varias de las instalaciones en bus, nos enseñaron de manera minuciosa y muy eficiente todo el funcionamiento, tanto a nivel técnico como logístico y político. Espero que a nuestro regreso tengamos ocasión de poder ver algún despegue, que según nos comentan, se efectúan de noche y a una distancia de 12 km del lugar de lanzamiento, y que debido a la gran luminosidad que se produce al iniciarlo (con los cientos de toneladas de combustible sólido que se consumen), es posible leer en un libro.

También coincidimos con una muy popular competición de canoas de madera históricas, que con un peso de más de 2.000 kg y doce tripulantes a bordo, disputan durante varias «sesiones» una reñida carrera, con la peculiaridad de que tanto los remos como las canoas tienen que ser originales de esta zona. Un detalle que nos llamó muchísimo la atención es que a bordo de las embarcaciones y durante toda la duración de la carrera, tienen que llevar frutas, plantas y brasas de fuego encendidas; todo ello se verifica al inicio y final de la competición, y simbolizan las provisiones que se usaban antaño en los desplazamientos de una isla a otra.

Aquí en la Guayana Francesa conocimos, contra todo pronóstico, a un personaje realmente interesante. ¿Quién nos iba a decir que la persona que se encontraba tras el mostrador de un cíber con una imagen de funcionario de oficina jubilado sería uno de los personajes anónimos más interesantes que conoceríamos en nuestro viaje?

En nuestra búsqueda de un lugar seguro para Lola, utilizamos todos los recursos a nuestro alcance; incluso intentamos conseguir direcciones de españoles que estuvieran trabajando en el centro espacial, y para ello empleábamos uno de los dos cíber existentes en Kourou, cuyo responsable era un tipo nada expresivo y bastante antipático... Al aparecer durante varios días y observar a Lola aparcada en la calle, se interesó por nosotros y empezamos a conversar contándole nuestro viaje y la situación en la que nos encontrábamos con Lola, ya que en 48 horas teníamos que volar desde Cayena hasta Perpiñán, y sorprendentemente nos dijo que volviésemos al día siguiente, que tal vez después de consultarlo con su mujer podría darnos una solución...

Esa noche fue larga ante la incertidumbre de encontrar al día siguiente un lugar seguro, y durante las ocho horas de horario laboral, ya que fuera de ese horario es imposible encontrar un establecimiento en Francia que esté abierto; pero no hizo falta porque Frank, el señor «serio» que atendía el cíber, nos ofreció su casa para poder guardar a Lola y por la noche, cuando cerró su «cíber», nos guió hasta su casa, presentándonos a su mujer, Hugette. Esta pareja nos confesó que durante los ocho años que llevaban en la Guayana, éramos los primeros en visitar su casa, y allí descubrimos un pequeño paraíso. Frank resultó ser todo un *crack*, un personaje anónimo al que le gusta pasar desapercibido y que se guía por sus instintos, como su fortuita llegada a la Guayana, que fue causada por una fuerte tormenta en alta mar cuando se dirigían hacia Sudáfrica y naufragaron con el velero que él mismo empezó a construir con 19 años y durante diez largos años en su tierra natal de la Bretaña francesa, sin ningún conocimiento ni tradición marinera en su familia.

Frank era un autodidacta en todo lo que hacía, así pues, cuando terminó de construir su velero en su pueblo se hicieron apuestas sobre si ese barco de 12 m construido en un pajar «tierra adentro» lograría mantenerse a flote; y no sólo flotó, sino que dejándolo todo atrás y siguiendo las costas españolas, portuguesas y africanas, cruzó el océano con su esposa desde las Islas Canarias. El accidente se produjo cuando, desde la isla de Tierra de Fuego, pretendieron regresar a África, concretamente a Ciudad del Cabo, sorprendidos por una fuerte tormenta que causó la desaparición y el naufragio de varios barcos y que también les afectó a ellos; pero Frank, seguro de su trabajo y aunque en varias ocasiones el barco dio la vuelta entera sobre sí mismo, perdiendo el palo mayor y todos los aparejos, sabía que el *Brendan* podía soportar aquellas condiciones y mantenerse a flote, y así fue: consiguieron regresar a la costa argentina y, con muchas penalidades, fueron remontando la costa dirección norte hasta llegar a la Guayana Francesa, donde empezaron a trabajar para poder reparar el barco, y lo hicieron de una manera muy peculiar: alquilando un terreno y poniendo a su barco, el *Brendan,* en medio de aquel prado. Siguieron viviendo en su interior a la vez que lo iban reparando, y más adelante se construyeron una casita de madera, la cual sólo constaba de una habitación, con la cocina, el comedor y el baño totalmente en el exterior, un lugar exquisitamente bonito.

Frank se nos reveló como un genio en potencia, capaz de construir su barco de 12 m él solo y diseñar y llevar a cabo todo tipo de artilugios y «engendros» mecánicos; fabricarse su propia casa, llegar a ser el «rey» de las papas fritas en Bretaña o, como en la actualidad, tener una empresa informática gestionada totalmente de forma autodidacta, con un laberinto de programas, conexiones e «inventos» que funcionan a la perfección.

Ese último día logramos dejar a Lola en buenas manos y en un lugar privilegiado, por muy poco; pero la carrera que hemos hecho estas últimas semanas ha valido la pena. Sólo van a ser unos pocos días sin Lola, pero nosotros preferiríamos que ya hubiesen pasado...

Calor, óxido y el aria

El Rally Paris-Dakar, que en las primeras participaciones era mi máxima meta personal y profesional, y que me absorbía toda la energía y los recursos, ha ido transformándose, a lo largo de estos quince años, de un reconocimiento social-deportivo, a una simple fuente de recursos que nos permiten financiar nuestros sueños.

Acompañados de una más que agradable temperatura ambiental (más de 32 ºC), nos reencontramos con Frank y Hugette, que nos han venido a recoger al aeropuerto de Cayena. El regreso al viaje ha coincidido con los últimos coletazos de los carnavales, que en la Guayana Francesa se prolongan durante más de un mes y, como colofón final, tienen la quema de Vaval (el entierro de la sardina en España).

Por fin se acabó la añoranza de Lola y la encontramos en perfecto estado, salvo por la gran cantidad de óxido causado por las altas temperaturas de esta zona y la gran humedad ambiental (entre el 80 y 90 %), una combinación que deteriora y oxida no sólo el hierro, sino que llega a afectar hasta el aluminio. Pero a Lola no le ha afectado demasiado, ya que al primer intento ha arrancado sin ningún problema.

Como nuestros hospitalarios anfitriones nos permitirán estar unos días acampados en su jardín, aprovechamos para hacer una limpieza a fondo y reorganizar y revisar todo el equipaje, además de intentar suprimir el máximo peso posible, para lo cual ya hemos empezado a vender material, como por ejemplo, las planchas de arena situadas sobre el portón trasero, y desprendernos de todo aquello que durante el año pasado tuvo un uso mínimo. Seguimos la regla de oro que hace falta para viajar: la mitad de cosas, el doble de dinero y el triple de tiempo.

Como el año pasado acumulamos un retraso importante en el viaje, este año no vamos a ser menos: el planteamiento inicial de salir hacia Surinam en pocos días lo retrasaremos para poder ver en directo el lanzamiento del cohete *Ariane* desde el centro espacial europeo, el cual se efectúa de noche y, a causa de la gran luminosidad que genera, en un perímetro de muchos kilómetros alrededor de la zona de lanzamiento. Suponemos que el espectáculo de ver el despegue y poder contemplar y oír tanta cantidad de energía debe de ser una experiencia singular.

La Guayana Francesa se perfila como un futuro lugar estratégico para el lanzamiento de cohetes espaciales internacionales, dado su buen clima y por ser una zona sin riesgos sísmicos, aislada y como consecuencia «segura», así como por ser muy estable políticamente. A la ya existente base espacial europea se le suma la nueva base rusa en construcción del proyecto Soyuz.

También aprovechamos para que Frank, que es un «manitas», me sacara unos puntos de sutura que aún tenía a causa de una reciente intervención. Por lo demás, todo en orden; muy tranquilos, aclimatándonos a la temperatura, desacelerándonos del ritmo «europeo», haciendo turismo y esperando poder visitar las islas de La Salud, concretamente la llamada Isla del Diablo, donde se hallaba el antiguo centro penitenciario del que se fugó Henri Charrière, más conocido como «Papillon».

A la espera del lanzamiento del cohete *Ariane*, y aprovechando que seguimos instalados en casa de Hugette y Frank, nos dedicamos a recorrer Kourou y sus alrededores. Frank nos ha prestado su moto, lo cual es un verdadero lujo, porque nos permite desplazarnos sin tener que mover a Lola y poder circular por las estrechas sendas que discurren por el interior de la selva, muy espesa y con multitud de fauna. Tenemos ocasión de observar muchas aves exóticas típicas de la zona; como la selva es muy extensa y no se tiene acceso a la mayoría del territorio, los animales disfrutan de una «protección» natural frente a la depredación humana.

Las ventajas de poder circular en moto son infinitas; la desventaja «sólo» es una: las abejas brasileñas, de las cuales sufrimos su ataque. En menos de veinte minutos, tenía una erupción «burbujeante» muy agresiva que se extendió por todo el cuerpo. Por suerte, en Kourou hay un hospital muy bien preparado, perteneciente al centro espacial, en el cual nos atendieron rápidamente y tras cuatro horas «enchufado» al suero con diversas inyecciones antihistamínicas, la «urticaria» empezó a remitir.

En Guayana existe una comunidad H'Mong de vietna-mitas provenientes de la ex colonia francesa, descendientes de los colaboradores a los que Francia dio asilo político en el año 1975 tras la guerra del Vietnam. Los H'Mong viven en asentamientos en el interior de la jungla conservando sus costumbres y tradiciones, y trabajando muy duro en el cultivo de verduras, frutas y hortalizas que todos los martes y viernes venden en el colorido mercadillo popular de Kourou.

3... 2... 1... ¡Puf!

Seguimos durante alguna semana en la Guayana Francesa, esperando el despegue del *Ariane 5*. Mirando con nuestros ojos «europeos», observamos el modus vivendi caribeño-amazónico y esos pequeños detalles nos llaman poderosamente la atención. Las costumbres resultantes de la mezcla de culturas africanas, criollas y occidentales, junto con el caluroso clima, dan a la vida cotidiana su pintoresco carácter y un estilo muy espontáneo y extrovertido. Colores y olores se mezclan con la misma intensidad que hemos encontrado durante nuestra estancia en Brasil.

Apurando los últimos días en casa de Frank y Hugette, nos dedicamos por la noche a largas conversaciones de sobremesa en las que intercambiamos anécdotas y experiencias de viajes.

Por fin llega el gran día, aquel en el que cumpliremos otro de nuestros objetivos: presenciar en directo el lanzamiento de un cohete espacial con todo el estallido de energía concentrada necesaria para el despegue. Acompañados por Hugette, nos dirigimos totalmente preparados y equipados: sillas, comida, bebida, equipo fotográfico, prismáticos, etc.

–tenemos muchas horas de experiencia en los circuitos de velocidad–. Cuatro horas antes del acontecimiento ya estábamos en el punto de observación oficial: la colina de Carapa, muy cercana a Kourou y a unos 9 km de distancia del lugar de despegue.

Junto a una gran multitud de gente haciendo cola, pasamos el control de seguridad para acto seguido «escalar» la pequeña colina lo más rápidamente posible y poder situarnos en un lugar privilegiado de observación. Asistidos por una pantalla gigante conectada directamente con el centro de control, nos tienen informados puntualmente de todos los detalles técnicos. Todo es perfecto: el lugar, la temperatura, el cielo despejado y la gran expectación del ambiente.

Una hora antes del despegue, empieza la cuenta atrás; se hacen ensayos con las cámaras y filmadoras, mientras que en la pantalla gigante se ven imágenes de multitud de cámaras situadas estratégicamente alrededor del cohete. Los veteranos nos aconsejan acerca de las mejores formas de registrar el espectáculo.

Ya en la recta final, y a falta de diez minutos, la adrenalina flota en el aire y la multitud empieza a silenciar sus comentarios y concentrarse: 10... 9... 8... 7... y ¡una ventana roja! Se nos informa desde el centro espacial de que en el protocolo de lanzamiento existen una serie de «ventanas» que los diversos equipos responsables del lanzamiento tienen que iluminar de color verde; por ejemplo, si la climatología es la adecuada, la ventana que dice «Meteo» se ilumina de color verde y, en caso contrario, los responsables la iluminan de color rojo, y así con todas las secciones. Pues a falta de siete minutos, se ilumina de color rojo la ventana de «Ensamble de Lancement» y, tras unos minutos de incertidumbre, se ilumina también de color rojo la ventana de «Autorisation de Lancement»; es la confirmación de que el director de operaciones aborta el lanzamiento por cuestiones técnicas.

Después de esperar casi dos semanas y, a falta de siete minutos, se aplaza el lanzamiento; las noticias son por fortuna que se hará otro intento de despegue en 24 horas. Bien, muy bien, pues al día siguiente allí estamos de nuevo, igual de preparados con nuestro «equipo de campaña»; la ventaja es que ha acudido mucha menos gente que ayer y se está mucho más cómodo y con mayor campo de visión. Con exactamente el mismo ritual que el día anterior, pero llegando al 00 de la cuenta regresiva, hemos podido presenciar por fin el espectáculo del lanzamiento: el inicio es como una gran explosión de luz, que lo ilumina todo exageradamente, para dar paso a la visión de la llama elevándose (al ser de noche no se puede apreciar el cohete) y, pasados unos segundos, llega la verdadera onda expansiva, la detonación inicial, con un ruido que la distancia apenas amortigua. La visión se extiende por todo el cielo mientras que la nave traza una parábola (a una velocidad de nueve kilómetros por segundo) por encima de nuestras cabezas, hasta que se aprecia la separación de los *boobster* (los depósitos de combustible). En unos quince minutos vemos en la gran pantalla cómo se están posicionando los satélites en sus órbitas; uno de ellos, encima de la India, ya que es un satélite de comunicaciones indio y el otro, un satélite del ejército inglés.

Al día siguiente, llega la hora de una nueva despedida y Frank nos da un nuevo consejo: escanear todos los documentos importantes y mandárnoslos a nuestro propio correo de Internet; de esta manera, en caso de pérdida, tendremos copia de todos ellos en cualquier lugar del mundo. Y es que este Frank es un «monstruo»...

Se ha adelantado la estación de lluvias, lo que seguramente nos condicionará en nuestro trayecto hacia Venezuela, pero hemos decidido arriesgarnos y dirigirnos hacia Surinam y Guayana para llegar a Venezuela. Esta ruta no es demasiado conocida y la información que obtenemos es escasa o nula. La falta de carreteras y tener que transitar por «supuestas» pistas del interior de la jungla, a las puertas de la época de lluvias, lo hacen un poco más interesante. La otra opción sería regresar a Macapá y, embarcados, remontar el río Amazonas hasta Manaos.

Después de nuestra larguísima estancia en Kourou, ya estamos de nuevo en marcha. Nos dirigimos hacia el oeste, a la frontera con Surinam. La última ciudad de territorio francés que visitamos es Saint-Laurent du Maroni, importante enclave el siglo pasado por ser el mayor *camp de la transportation* o, mejor dicho, el mayor centro penitenciario francés de ultramar, que albergó a más de 55.000 reclusos y desde el cual se redistribuían los deportados a diversos destinos dentro de la misma Guayana, pero siempre por vía marítima, ya que en 1792, cuando empezó a ser operativo, no existían caminos ni carreteras; fueron los propios presos quienes las construyeron en unas condiciones deplorables.

Todos los malhechores, delincuentes, políticos, asesinos, espías, desertores, etc., que eran deportados a Maroni estaban obligados por una ley que fomentaba la colonización de los territorios franceses de ultramar, a residir en el territorio de deportación el mismo número de años que los de la condena cumplida, con la salvedad de que si la condena era superior a ocho años, estaban obligados a vivir en Guayana de por vida. La vida en estos penales se hacía en unas condiciones lamentables. Además de la severidad del clima y de los penales, la vida cotidiana era una lucha por la supervivencia contra las enfermedades, los insectos, las epidemias, etc.

Este centro permaneció activo hasta finales de 1954, cuando se clausuró definitivamente a raíz de las numerosas denuncias de los intelectuales de la época. Entre los reclusos que pasaron sus penalidades en estas instalaciones, se encontraba el famoso «Papillon», del cual aún se conserva el nombre grabado en la celda que ocupó en este centro.

Dos características comunes de todos estos países del noreste de Sudamérica son que todos ellos son ex colonias europeas y que las fronteras vienen delimitadas por los ríos, de manera que para cambiar de país siempre hay que hacerlo con algún tipo de balsa que nos traslade hasta la otra orilla para entrar en el nuevo Estado.

Estando en el embarcadero para cruzar el río Maroni de la Guayana Francesa a la República de Surinam, llegó un chico de aspecto anglosajón de unos 35 años, con una bicicleta que podríamos catalogar como «reliquia»: una vieja y desfasada bicicleta de hierro, con frenos de varilla y ruedas oxidadas, donde llevaba un pequeño bulto envuelto en una bolsa de plástico, de las que se usan para la basura, no más grande que una caja de zapatos. El descolorido de sus ropas delataba el poco vestuario que tenía. Mientras esperábamos a que llegase alguna barcaza nos entretuvimos comprando unas frutas para desayunar y el chico compró unas bananas, a lo que exclamó: «¡Caramba, son más caras que en Brooklyn!». Empezamos a conversar y resultó ser un estadounidense de Nueva York que estaba recorriendo Sudamérica en bicicleta.

Nos contó que estaba bordeando toda la costa oeste desde Colombia hasta Ushuaya y remontando la costa este hasta Brasil, donde debía finalizar su viaje, pero como aún le quedaban recursos económicos, decidió seguir más hacia el norte. Nos estuvo contando que, entre otros viajes «locos», estaba el que realizó desde Canadá hasta México ¡en piragua! También nos comentó que conocía África, ya que la había cruzado en dos viajes diferentes: uno de norte a sur y otro de este a oeste, y también que conocía toda Asia desde la India hasta Indonesia. Seguimos conversando mientras tomábamos el café que María había preparado y, en un momento de la conversación, mirando la bicicleta, comentó: «Esto de la bicicleta es un gran adelanto», a lo que no di la más mínima importancia. Como la barcaza seguía demorándose, la conversación se alargó, ya que cuando te encuentras con trotamundos, si algo no falta, es tema de conversación. Al cabo de un rato volvió a hacerme una reflexión parecida a la anterior: «Es que en bicicleta se viaja muy rápido». Comentándole que con su experiencia ya debía saber las ventajas e inconvenientes de viajar con ese medio, respondió: «No, si es el primer viaje que hago en bicicleta; hasta ahora siempre había viajado andando...».

Surinam, la desconocida...

Surinam es una ex colonia holandesa que con su amalgama de razas (35% de hindúes asiáticos, 32% de afrosurinamis, 15% de indonesios, 10% de indígenas, 2% de europeos y 2% de chinos) y su lengua oficial (el holandés) nos sorprende por su amabilidad y hospitalidad. Es evidente la influencia asiática y no se respira inseguridad por las calles de su capital, Paramaribo.

El país es más modesto económicamente que la Guayana Francesa, pero mucho más seguro y tranquilo. Paramaribo nos sorprende con sus edificios coloniales construidos totalmente en madera y extraordinariamente conservados y restaurados, patrimonio cultural de la UNESCO. El centro de la ciudad vieja nos ha maravillado por su ambiente y estética, destino habitual de la juventud holandesa, que con un vuelo directo de KM desde Ámsterdam, viene a pasar unos días de vacaciones a su ex colonia, dando a la ciudad un aire moderno y agradable.

Fuera de la capital todo es pura naturaleza; con el 96% del territorio en plena jungla, la única carretera existente cruza el país de este a oeste, con la excepción del acceso al lago y al parque natural de Brokopondo, que visitamos y donde podemos apreciar gran diversidad de plantas y animales. Todo el oeste del país está cultivado por vastas extensiones de arroz, con un enorme y complicado sistema de diques y canales construidos con técnicas importadas por los holandeses; las mismas que se usaron en Holanda para ganar terreno al mar.

«Cul de sac»

Seguimos circulando por la única carretera existente, que pasando por Surinam va de la Guayana Francesa a la Guayana Británica, donde esperamos encontrar algún barco que nos cruce hasta Venezuela.

Dejamos atrás Surinam cruzando un nuevo río y entramos en la Guayana Británica, ex colonia británica que, como sus vecinos, ha heredado todas las costumbres de sus antiguos colonos, aunque personalizándolas a su clima y ritmo de vida. Visitamos la capital, Georgetown, ciudad muy poblada y bulliciosa con edificios de madera y una gran catedral como centro neurálgico.

Nuestros esfuerzos por encontrar un transporte hacia Venezuela resultan infructuosos, ya que no existe ningún barco que cubra este trayecto. Sólo es posible atravesar el delta del río Orinoco en bici o con mochila, pero con Lola no hay ninguna posibilidad; en este punto tenemos dos alternativas: retroceder hasta reencontrar el río Amazonas en Macapá (Brasil) y remontarlo vía fluvial hasta Manaos; o bien adentrarnos por las pistas forestales dirección sur para intentar llegar a Brasil por tierra. A favor tenemos que la época de lluvias aún no ha empezado con toda su intensidad y que los cerca de 1.000 km desde Georgetown hasta la frontera brasileña que tenemos que hacer por pistas, nos dice un camionero local que le parece recordar que el año pasado «alguien» sí circuló por ese tramo... En vistas de la fiabilidad y veracidad de la información recopilada, la decisión está tomada: si el año pasado alguien transitó por ese itinerario, este año también.

Intentaremos llegar por las pistas de las explotaciones forestales hasta Boa Vista en Brasil, atravesando la selva y esperando no tener demasiados contratiempos. El hecho de que sean pistas transitadas por los camiones que transportan los enormes troncos desde el interior de la jungla nos da cierto respiro si surgen complicaciones.

El recorrido nos impone cierta «incertidumbre» –léase «acojone»–, básicamente por el hecho de circular solos, abonado por las advertencias del ejército sobre la inseguridad y los asaltos que se cometen en esta vasta zona selvática, pues aun existiendo varios controles militares, evidentemente la mayoría del recorrido discurre sin ningún tipo de señalización o referencia.

Cargamos todo el gasoil y el agua posibles, además de una buena cantidad de comida, en previsión de que estemos en el mejor de los casos varios días en el recorrido, y recabando las últimas informaciones nos disponemos a iniciar la travesía. El primer día conseguimos avanzar muy pocos kilómetros, siguiendo las instrucciones de circular siempre por las pistas «principales» o más marcadas. Vemos que las que reúnen estas características son casi siempre callejones sin salida que acaban en una especie de plazoletas redondas, usadas para la carga de troncos talados en la jungla en los camiones y que hacen de la pista un verdadero laberinto, pero poco a poco vamos aprendiendo a «leer las señales»; por ejemplo, seguir la huella de cierto tipo de neumático o distinguir entre las nuevas y las viejas pistas que, como cicatrices, se adentran en la selva.

Como dice nuestro amigo Vicente Belles, es preferible una mala decisión a una indecisión. A la larga, las inseguridades curten y te hacen apostar por situaciones que, al margen de las circunstancias, personalmente eres capaz de afrontar. También sabemos que lo mejor es enemigo de lo bueno, pues siempre existirá la posibilidad real de que cualquier decisión, por buena que sea, sea superada por otra más acertada; con lo cual, la técnica que utilizamos es la de tomar decisiones que, por extrañas o arriesgadas que sean, seamos capaces de llevar a cabo, independientemente de que otra opción sea más atinada.

Han sido unos días de verdadera tensión, sacando de nosotros esos sentimientos que hacía tiempo teníamos guardados y que te hacen plantear qué haces aquí, metido en este «berenjenal» al que nadie te ha invitado, pero el mejor antídoto es pensar en casa, donde todo sigue igual año tras año; mejor dicho, acordarte de la gran cantidad de gente que día tras día emplean largas horas para llegar al trabajo en interminables atascos de tráfico. Cuando estás allí, rebozado en el barro, intentando sacar a Lola, hundida hasta los topes, masacrado por los mosquitos con la tensión de que la oscuridad de otra noche está a punto de caer, te haces una lista mental de prioridades, y aunque parezcan descabelladas, son las que te ayudan moralmente a superar situaciones de este tipo. En el primer lugar de esta lista estaría poner música, para amenizar la situación; después, preparar la cena, seguida por una conversación de sobremesa agradeciendo que Lola se quedase atascada sin ninguna inclinación grave, lo cual nos facilitará dormir agradablemente. ¿Y el atasco? Pues no hay nada que se espere más que el trabajo, con lo cual si no aparece alguien esta noche y nos echa una mano, seguiremos por la mañana después de desayunar… Alguna vez leí que las situaciones físicas son limitadas; las mentales, infinitas.

Tardamos cuatro días en recorrer los 500 km de la espesa jungla, consiguiendo llegar hasta los desérticos llanos del sur y alcanzar la frontera con Brasil. Conseguimos llegar a Boa Vista en unos días, y es que Lola es una campeona. Aunque carezca de lógica «occidental», es más fácil que fallemos nosotros como personas y por factores como el miedo, la temeridad o la imprudencia a que lo haga un «montón» de hierro (Lola), si le damos un trato mínimamente correcto.

Una vez llegados a Boa Vista se nos plantea un dilema: girar a la izquierda (sur) para ir a Manaos y remontar el río Amazonas hasta Iquitos y visitar Ecuador, o bien girar a la derecha (norte) y entrar en Venezuela por la Gran Sabana… ¡Y es que no tenemos ni un momento de tranquilidad!

La Gran Sabana

Finalmente, en Boa Vista giramos a la derecha (norte) dirección a Venezuela. Atravesando varias reservas indígenas, como la de los indios yanomamis, llegamos a la frontera, que cruzamos tras un rapidísimo trámite burocrático. Gracias a la sorprendente eficiencia de los funcionarios venezolanos, estamos en un nuevo país, al que entramos por la Gran Sabana venezolana, que forma parte del Parque Natural de Canaima (tan extenso como toda Galicia); una sabana en toda regla, pero «vigilada» por las montañas más antiguas del planeta, unas míticas moles de piedra llamadas «tepuis».

Los tepuis son unas montañas de cima plana que emergen de la nada alcanzando los 3.000 m de altura. Cada tepui es un mundo aparte, pues su aislamiento ha hecho que la mayoría de las cimas permanezcan inexploradas y formen núcleos con especies animales y vegetales únicas. Para el escritor inglés Arthur Conan Doyle (creador de Sherlock Holmes), los tepuis fueron fuente de inspiración, al imaginar en su novela *El mundo perdido* la posibilidad de una evolución de monstruos antediluvianos en aquellas inaccesibles «islas» de la Gran Sabana. Muchos años después, Steven Spielberg adaptaría al cine la novela con su superproducción *Parque Jurásico*.

Teniendo como base de avituallamiento el pueblo de Santa Teresa, hacemos varias excursiones por la sabana. Circulando por las pistas autorizadas, intentamos acercarnos el máximo a los pies de los tepuis, pero no siempre podemos llegar, ya que las copiosas lluvias hacen imposible en varias ocasiones poder circular con Lola por los barrizales y surcos que se originan con el agua. La Gran Sabana está atravesada de norte a sur por una nueva y excelente carretera asfaltada (desde hace solamente diez años), pero hace tan sólo treinta que existe el «trazado» de la misma, ya que hasta los años setenta no existía ninguna vía que atravesase este territorio y lo uniese a Brasil.

Estos días el tiempo ha sido muy variado, con días de tórrido sol alternados con intensísimas lluvias, lo que nos ha permitido ver las espectaculares cascadas de agua que por docenas caen desde las laderas de los tepuis.

Tras varios días «sabaneando», nos dirigimos al norte, hasta las orillas del río Orinoco, en Ciudad Guayana y Puerto Ordaz. Pasando por Puerto Ordaz dirección a Ciudad Bolívar, encontramos un puente que con sus 3.156 m de longitud nos permite cruzar el enorme río Orinoco, a una altura de 40 m sobre sus aguas; con sus cuatro carriles de circulación más una vía para ferrocarril, se trata de una gran vía de comunicación que lleva hacia la parte nororiental del país.

Nuestro objetivo es el delta del río Orinoco, donde intentamos llegar hasta que las vías terrestres nos lo permitan, antes de encontrar el laberinto de riachuelos y canales que desembocan en el océano Atlántico. Pasando por la capital del delta, Tucupita, llegamos al destacamento militar de La Horqueta, que es el punto donde termina la pista y lo más lejos que podemos alcanzar con Lola. Allí pedimos al destacamento de la Guardia Nacional permiso para estacionar dentro del recinto y el comandante, el señor Guillermo Martínez, después de comprobar las documentaciones y levantar acta de nuestra llegada hasta el puesto avanzado de su destacamento, nos deniega la autorización, argumentando que no es correcto recibir a unos huéspedes en estas instalaciones y muy amablemente nos ofrece la posibilidad de alojarnos en su casa, ya que dispone de un gran espacio donde ubicar a Lola. Por supuesto que aceptamos su invitación y al término del servicio, el comandante compra a unos pescadores que acababan de llegar del delta con pescado fresco, unos cuantos peces para la cena.

Se trataba de una persona sencillamente ejemplar, ya que además de ofrecernos su casa para dormir y ducharnos, nos deleitó con una cena de pescado buenísima, y nos estuvo enseñando las obras altruistas que a nivel personal hacía para bien de la comunidad, como por ejemplo, filtrar y «tratar» el agua que se bebe en la escuela boliviana, para que los niños no tengan problemas con la salubridad de ésta, y junto con la garrafa que cada mañana lleva en su coche a la escuela lleva un balde de hielo para que los chicos puedan tomar su bebida fresquita…

Al día siguiente, embarcados en una curiara (canoa de madera construida por los indios), recorremos una parte del delta del Orinoco, que es el hábitat de los indios warao, los cuales viven en pequeñas comunidades. Habitan en unas cabañas de madera levantadas sobre pilotes igualmente de madera y comunicadas por pasarelas para evitar el agua que discurre por debajo de ellas. Aunque las cabañas de los indios warao son pobres en mobiliario, están repletas de enseres colgados del techo, con hamacas fijadas entre los pilotes que los mantienen fuera del alcance de animales indeseados.

Entre los pilotes de madera, miles de cangrejos caminan sobre el fango, y los warao sólo tienen que alargar los brazos para obtener tan rico manjar. Si en nuestra cultura decimos que del cerdo se aprovecha todo, los warao dicen lo mismo de la palmera moriche: su tronco les proporciona madera para fabricar embarcaciones; obtienen harina para elaborar pan; los frutos y las semillas los endulzan con miel; con la pulpa hacen bebidas refrescantes; de la médula, se saca un sabroso aliento, y de sus brotes se extraen fibras para la elaboración de cestos, canastos y hamacas, además de que las larvas que crecen en su tronco están consideradas un bocado selectísimo.

De este a oeste

El 36% de la superficie de Venezuela está protegida como parque natural, donde se puede encontrar tanta belleza como desolación. La gran diversidad de sus once ecosistemas, desde el amazónico hasta el andino, pasando por el atlántico, el caribeño, el de los grandes llanos, etc., proporciona una naturaleza rica y variada.

Como es apasionantemente grande y diverso en todos los aspectos, orientamos nuestro periplo por Venezuela intentando recorrer de este a oeste sus 2.800 km de costa caribeña. Después de estar en el delta del río Orinoco nos dirigimos a la parte más oriental del país, en la península de Paria, concretamente a la población de Macuro, donde Cristóbal Colón llegó a la América continental en su tercer viaje al Nuevo Mundo, el año 1498. «A grandes rasgos, éste es el paraíso terrenal», escribió Colón en su diario al pisar, por primera vez, el continente americano en la península de Paria.

El paisaje es muy frondoso, con grandes montañas de más de 1.000 m de altura muy cerca de la costa y grandes plantaciones de cacao. Hay una sola carretera de acceso como columna vertebral y nos es imposible llegar a Macuro: a unos escasos 40 km un control de Policía nos impide el acceso por tierra, y la opción de llegar en lancha no nos seduce. La proximidad del límite fronterizo con Trinidad y Tobago convierte esta zona en una de mucho «ajetreo».

Después de virar 180º regresamos por la parte norte de la península, visitando bellísimas playas como la de San Juan de las Galdonas y la de Puy Puy, donde tuvimos la suerte de ver las grandes tortugas Couro (de más de 400 kg) salir del mar, por la noche, a desovar en la arena de la playa; operación que puede llegar a tardar entre dos y tres horas. Con gran esfuerzo, cavan un agujero de un metro de profundidad para depositar entre ochenta y cien huevos, tras lo cual, y totalmente agotadas, los cubren de arena removiendo una gran superficie para hacer ilocalizable el punto exacto de la puesta. Al finalizar se vuelven a sumergir en las aguas del mar Caribe amparadas por la oscuridad de la noche.

Durante todo este tiempo, las tortugas son totalmente vulnerables a los desaprensivos, que además de cazarlas, roban los huevos para venderlos; por suerte, la concienciación general ha aumentado y los guardaparques desarrollan una gran labor de protección y recuperación de los huevos para salvar la especie.

Rumbo al oeste cambiamos de paisaje. La península de Araya es totalmente desértica, con sus grandes riquezas dentro del mar; en tierra firme hay muchos kilómetros de tierra casi estéril pero de una peculiar belleza. Con un calor sofocante llegamos a la ciudad de Araya, antiguo asentamiento de los conquistadores españoles que explotaron de la península sus riquezas marinas, como los bancos de perlas, casi hasta su exterminación; también construyeron la real fortaleza de Santiago de Araya, para proteger las salinas, de gran importancia estratégica, ya que la sal era muy preciada en aquella época por constituir la única manera de preservar los alimentos, en especial el pescado.

Estamos en plenas vacaciones de Semana Santa, y parece que todo el país está en las playas. El litoral está colapsado, sin lugar para dormir y con unos atascos enormes; por suerte, vamos a contra corriente, de manera que nos encontramos los grandes atascos en dirección contraria. Intentando huir de tanta aglomeración abandonamos la costa para visitar la colonia Tovar, una hermosa y fresca población ubicada a 2.000 m de altura entre las montañas de la cordillera de la costa. Se trata de un asentamiento de antiguos inmigrantes alemanes llegados en 1842 y singular reproducción de una aldea típica de la Selva Negra alemana.

Fun race

A los vehículos, y por extensión a todo el deporte del 4x4, se les llama «rustiqueros». Este país sigue enamorándonos, y sin tiempo para recuperar el aliento, recibimos una invitación de Ignacio y Carlos, unos «toyoteros» que conocimos en la playa de Puy Puy, para asistir a una prueba de *Fun race*. Se trata de una prueba deportiva con vehículos 4x4 (casi en su totalidad Toyota), de la cual se realizan cinco ediciones anuales itinerantes que recorren toda Venezuela, dando así la oportunidad de poder conocer los diversos Estados del país.

Lo que empezó hace unos seis años como *hobby* de fin de semana para un grupo de amigos, es en la actualidad un evento deportivo de repercusión internacional; un encuentro de más de 1.350 asistentes, que cuenta hasta con un programa propio de televisión que se transmite a varios países, y con un nivel tanto de organización como logístico realmente envidiable. Doy fe de que es un evento deportivo del motor 4x4 con unas instalaciones en las diez hectáreas que ocupa el campamento (Bivouac) de un nivel inmejorable, y unas ubicaciones tan excelentes como privilegiadas, realizado por la generosidad paisajística del país y el gran ambiente «familiar» que existe entre todos los participantes.

El *Fun race* consiste en varias habilidades: conducción, navegación, labor de equipo y estrategia, a la hora de afrontar diversos obstáculos y pruebas especiales. Tutelados por un reglamento técnico-deportivo muy elaborado, el *Fun race* tiene como dogma fomentar el respeto ecológico, combinando la conservación y el entretenimiento, no utilizando para el desarrollo de las pruebas ningún área sensible o parque natural, así como ubicando las pruebas especiales en zonas de fácil recuperación natural (zonas inundables o áreas desérticas).

A grandes rasgos, la competición consiste en un recorrido por diversos tipos de terreno que no exceden de 100 km por jornada, en los cuales se premia la regularidad, tanto a la hora de afrontar las «zonas» como en los enlaces que hay entre ellas, con un complejo sistema de navegación-cronometrado. El promedio de velocidad admitido en los enlaces es de ¡45 km/h!, y están autorizados en cada vehículo hasta un máximo de cuatro personas que, según las estrategias, se pueden reducir a dos.

Los cruces de ríos o lagunas son realmente espectaculares, y cada equipo opta por su propia estrategia, que va desde cruzar a nado los obstáculos y después de clavar en el suelo una estaca (un eje de transmisión al que se le ha hecho punta), fijar el cable del *winch* e intentar entre la tracción del propio vehículo y la fuerza de aquél cruzar el río o la laguna, hasta sencillamente intentar entrar con la máxima velocidad para llegar con el impulso hasta la otra orilla.

Sólo Cándido

Al fin convencimos a mi padre, Cándido, y él, a su vez, convenció a mi madre, Emilia, para venir a compartir algunos días del viaje con nosotros. Es difícil que coincidan las mismas inquietudes entre generaciones, pero de algún modo, es la manera que tenemos de agradecerles todos sus sacrificios.

Lo bueno de tener un magnífico padre de 78 años (con un espíritu de 25) es que, además, conserve unos fabulosos amigos de juventud que residen en Caracas. Juan y Pilar Sayol, después de vivir juntos la infancia en su ciudad natal de Granollers, emigraron en los años cincuenta a este paradisíaco país y, a base de mucho trabajo y sacrificio, tuvieron que pasar por todos los colores antes de poder ver el arco iris al completo.

La familia Sayol ha sido, durante nuestra estancia en Caracas, nuestra familia adoptiva, permitiéndonos compartir su hogar, noches de teatro y fiestas de sociedad. Nos invitaron al club náutico Bahía de los Piratas en Higuerote, donde disfrutamos del buen clima y los manglares, nos bañamos en las agradables aguas del mar Caribe, paseamos en lancha…

Y, sobre todo, recibimos la impagable ayuda del señor Juan Sayol al ayudarnos con sus conocimientos mecánicos a curar de un importante «resfriado» a Lola y a darle un buen repaso mecánico en sus talleres. En este viaje hemos conocido personas muy especiales con las que hemos llegado a tener una relación que supera la amistad. Pilar, Juan, Tere y Thommy forman parte de nuestra familia. Nuestro único «reproche» a la señora Pilar es que haya sido la culpable de nuestros tres kilitos de más... al partir de Caracas. Gracias por todo, familia Sayol.

Hasta este momento aún no conocíamos Caracas, y aprovechamos para visitarla con Cándido, paseando por su centro histórico y subiendo con el teleférico hasta la cumbre del Ávila, desde donde se tienen unas excelentes vistas de la ciudad.

Cándido, que es un apasionado de los coches, disfrutó de lo lindo viendo los vehículos que circulan por Venezuela; los rustiqueros y 4x4 que comparten asfalto con viejas glorias «americanas» con sus grandes y potentes motores de gasolina, que aquí sobreviven debido al baratísimo precio del combustible: un dólar estadounidense equivale a ¡68 litros de gasolina! Y el gasoil es aún más barato... Con Lola recorrimos unos 6.000 km por toda Venezuela y el coste total en combustible fueron ¡cinco euros!

A pesar de que la visita que nos ha hecho Cándido ha sido breve, nos complace que haya compartido con nosotros esta vida de «zíngaros», conociendo lugares y gente diversa, comprobando que las cosas imprescindibles son mínimas, salvando las distancias y las mentalidades, pudiendo evidenciar que no estamos tan «locos» e incluso, en ciertos aspectos, haciéndose cómplice de nuestra aventura.

Como las tres semanas previstas en Venezuela se han convertido en dos meses, sacrificamos la visita a la zona suroeste del país haciendo coincidir nuestro rumbo para conocer la ciudad de Santa Ana de Coro, una de las más antiguas de Sudamérica y famosa por sus médanos (dunas de arena). Su arquitectura colonial casi intacta le da un encanto especial, siendo patrimonio histórico de la humanidad.

La península de Paraguaya antiguamente era una isla, pero debido a los fuertes vientos reinantes en la zona, se fue creando una «pasarela» que la comunicaba con el continente; un lugar bellísimo que parecía un erg de dunas africano (aquí lo llaman «médanos»). Las dunas de Coro son impactantes, con una extensión de 91.500 hectáreas a lo largo de los 34 km que componen su parque, la superficie de arena está en constante movimiento, cubriendo periódicamente los accesos a la península.

El exagerado calor de más de 41 °C de esta época del año a las puertas de la temporada de lluvias, nos acompaña hasta la frontera con Colombia, cruzando por el espectacular puente de Maracaibo, con 8.679 m de longitud y 45 m de altura sobre las aguas del lago de Maracaibo. Finalmente llegamos a la frontera con Colombia, no sin antes recordar lo enamorados que hemos quedado de Venezuela y con la esperanza de tener ocasión de volver a ver a los amigos que aquí dejamos.

Quien espera, desespera

La decisión de visitar Colombia no estaba en nuestros planes iniciales, y no creemos que exista en el mundo un país en el que la diferencia entre la imagen que se le da en el exterior y la realidad sea tan grande. Recomendada por absolutamente todos los trotamundos que hemos ido encontrando a lo largo del viaje, optamos por añadir Colombia a nuestro itinerario, aunque sólo sea por un pequeño recorrido que nos sirva de trampolín para embarcar hacia nuestro próximo destino: Centroamérica.

Ingresamos en Colombia con unos trámites aduaneros «demasiado» rápidos, visitando el Parque Natural de Mamancana, que como todos los de Sudamérica es rebosante de naturaleza. El cruce entre el sur y el centro de América hay que hacerlo obligatoriamente por mar; aunque son unos escasos 180 km de jungla los que distancian las carreteras asfaltadas de Colombia y las de Panamá, la gran influencia que ejercen los puertos, que aquí son privados, paraliza todo proyecto de poder realizarlo por vía terrestre, obligando así a que todo el tráfico de mercancías entre el sur y el centro del continente tenga que pasar por ellos. Es un lucrativo monopolio que sufrimos en nuestras propias carnes, ya que por la corta travesía de apenas 24 horas en barco para llevar a Lola desde Colombia hasta Panamá, el importe fue superior al que pagamos en el trayecto de Barcelona a Buenos Aires, con sus 28 días de travesía.

En el primer puerto importante que encontramos, el de la bonita población de Santa Marta, nos dedicamos a buscar las alternativas más económicas entre una multitud de navieras. Estas gestiones acostumbran a ser largas y nada fáciles, pero transcurridas un par de semanas haciendo un «doctorado» en gestiones burocráticas, recorriéndonos infinidad de oficinas de navieras para poder embarcar a Lola, e incluyendo declaraciones al Departamento de Narcóticos, una relación de todos los documentos autentificando la firma ante notario, darnos de alta en la cámara de comercio colombiana y mil historias más, optamos por hacer todos los pasos por duplicado y apostar por dos alternativas abiertas a la vez, por si una falla; todo ello ocupándonos desde las siete de la mañana hasta las siete de la tarde, incluyendo el ayuno al mediodía por no tener «tiempo» para comer, sólo alguna fruta. Por fin conseguimos que todos los esfuerzos den su fruto y llegamos al esperado y trabajado día del embarque. Es viernes por la tarde y tenemos todo preparado para hacer la revisión y certificación con el Departamento de Narcóticos, que son la autoridad para revisar e inspeccionar meticulosamente todo lo que se va a embarcar, y la cual certifica que no se transporta ningún tipo de sustancia prohibida. También tenemos preparado el contenedor asignado para introducir a Lola; el operario para transportar el contenedor posicionándolo en el suelo y poder entrarla, y los supervisores de la naviera listos para verificar la carga y sellar el contenedor, todo ello con muchísimos nervios después de unas semanas «bloqueados» y con el riesgo permanente de que algo se complique estando a las puertas de un fin de semana largo.

Toda la maquinaria se pone en marcha: los de narcóticos, con sus perros y detectores varios; los aduaneros verificando la documentación; nosotros con las mochilas preparadas con lo imprescindible… y, de pronto, aparece alguien que lo detiene todo, diciendo: «No pueden embarcar; no les podemos hacer una factura a unos turistas no residentes en Colombia». ¡Alucinante! Este dato se supone que la naviera lo sabía desde primera hora, cuando fuimos a pedir información hacía más de dos semanas. En fin, sólo es cuestión de paciencia y, como toda situación, por mala que sea, siempre se puede complicar aún más, para acabar de redondearlo, como entramos por la frontera el Día de la Madre (muy celebrado en Colombia) el oficial del puesto fronterizo no estaba porque se hallaba celebrando este día tan señalado con la familia… El subordinado que nos atendió tramitando la documentación de Lola sólo tenía competencia para autorizar una entrada temporal de ¡dos semanas! a prorrogar «sin problemas» en cualquier puesto policial. Ni qué decir tiene que nada más lejos de la realidad. La indignación, junto con la impotencia, es mayúscula, y decidimos no perder más tiempo con la opción de embarcar desde el puerto de Santa

Marta. Poniéndonos en marcha hacia Cartagena de Indias, por ser un puerto más grande, albergamos la esperanza de tener más opciones. La verdad es que en contra de lo que esperábamos encontrar y confirmando las recomendaciones que nos habían hecho, Colombia es un país que nos ha sorprendido gratamente. La gente es muy amable y educada, y el ambiente es muy tranquilo y seguro, nada que ver con esa prensa en contra que lo cataloga como un país peligroso.

Pasado el primer momento de enfado, estamos encantados con el problema que hemos tenido en el embarque en Santa Marta, pues nos compensa sobradamente poder recorrer esta bonita costa hasta llegar a la joya de la corona, Cartagena de Indias, ciudad bonita donde las haya; histórica, perfectamente restaurada y conservada, con un casco antiguo lleno de edificios coloniales y bulliciosas y estrechas calles por donde pasear como en un viaje en el tiempo. Es sin duda una ciudad para visitar y relajarse, con restaurantes y alojamientos aptos para todos los bolsillos. Sabíamos de su belleza, pero poder visitarla durante varios días nos ha permitido gozarla por todos y cada uno de sus rincones, con sus atardeceres llenos de luz y de destellos rojizos y naranjas que se funden con el azul plata del mar Caribe a la hora del ocaso.

El viaje nos sigue poniendo al encuentro de los más diversos lugares y personajes. Aquí hemos coincidido con Mario Sabah, un uruguayo que está recorriendo el mundo junto con sus dos hijos, Ismael y Matías, en un Citroën Mehari (2 CV). Con sus 51 años, Mario decidió un 28 de febrero de 2007, que era el momento de iniciar su sueño de dar la vuelta al mundo intentando «reunir» a sus compatriotas, que tras muchos años de gran diáspora, se encuentran repartidos por todo el mundo, e intentando que siguieran vinculados y no perdieran la identidad ni las raíces uruguayas. Se trata de un bonito proyecto del gobierno uruguayo.

Estamos con Mario, que lleva cinco semanas en Cartagena de Indias, intentando encontrar un medio económico para cruzar a Panamá, aunando esfuerzos para intentar salir de la ratonera que es hacerlo a un precio «razonable»; unas gestiones que son una mezcla de maratón y póquer a carta cerrada —solo que ellos tienen todos los ases.

Adiós Sudamérica

Seguimos atascados en Cartagena de Indias, sin posibilidad de conocer el resto de Colombia por tener que estar empleando el tiempo en descubrir nuevas navieras y transitarios marítimos; cosa que nos obliga a permanecer en esta bonita ciudad, lo cual es la cara más agradable de la situación. Y como la clave de la paciencia es hacer algo mientras esperas, estamos familiarizándonos con los pintorescos transportes públicos, las costumbres y la gente; pasamos los días gozando del buen clima, la comida y el ambiente en general.

Entre los pequeños detalles que nos llaman la atención, hay unas personas que se dedican a hacer llamadas telefónicas equipados con teléfonos de las diversas compañías que operan en el país; cuando les dices el número al que quieres llamar, ellos ya saben con cuál de los teléfonos tienen que hacer la conexión. Estas personas se identifican porque están paseando por todas partes vociferando: «¡Llamadas! ¡Llamadas!». El servicio es verdaderamente cómodo y barato.

Cartagena está a escasísimos centímetros sobre el nivel del mar, lo que origina que cuando hay las copiosas lluvias tropicales, el agua apenas tenga desnivel para desembocar al mar, originando espectaculares inundaciones y dándole un aspecto veneciano.

Las complicaciones de encontrar traslado hasta Panamá para Lola también tienen sus ventajas; por ejemplo, descubrir que por el mismo precio que cuesta el billete de avión a Panamá podemos embarcarnos con los veleros de unos trotamundos que nos hacen el traslado, con la comida incluida, durante cinco días, navegando entre paradisíacas islas caribeñas. Son veleros con una capacidad máxima de ocho personas, incluyendo al capitán, y el trato incluye la obligación de colaborar en los trabajos de a bordo durante la travesía.

La paciencia es la madre de la ciencia, y por fin parece que vamos a conseguir embarcar los vehículos (Lola, junto con el Citroën Mehari de Mario), pero como nada es lo que parece, el embarque se retrasa solo... ¡96 horas! (cuatro días). Si estuviéramos en África diría aquello de: «Ce l'afric patrón», pero aquí la verdad es que ya no sabemos qué decir...

Llega el gran día –otro– y por fin entramos en el puerto para embarcar a las siete de la mañana, contentos y nerviosos. Empiezan los trámites y trabajos para meter los vehículos dentro del contenedor, no sin antes pasar una exhausta revisión policial por parte del Departamento de Narcóticos, que sencillamente lo revisó *todo*. Entre los dos vehículos emplearon más de cinco horas, de forma muy profesional, meticulosa y sumamente estricta... Grabando con cámaras el registro en todo momento.

Una vez finalizada la inspección, nos dieron el certificado de «limpios» y supervisaron todo el movimiento de embarque. ¡Aleluya! Ya tenemos a Lola y al Citroën dentro del contenedor y con ello su última mirada a Sudamérica... Y, como escribió Antonio Machado: «Caminante no hay camino, se hace camino al andar».

Nos dirigimos hacia el puerto, donde nos esperaba nuestro velero para zarpar en dirección a Panamá, pero el capitán nos propone un pequeño retraso de 24 horas para intentar buscar dos turistas más y poder zarpar al completo. Sinceramente, ya nos hemos acostumbrado a que el tiempo tiene otro significado y la gran preocupación que era el embarque de Lola ya está solucionada, por lo que la espera es mucho más relajada y distendida.

A las seis de la mañana zarpamos del puerto de Manzanillo en Cartagena de Indias, en el velero de Marc, un estadounidense que vive en su velero y se dedica a llevar aventureros por esta ruta. Viajamos junto con dos israelitas, dos ingleses, un canadiense y un uruguayo; el velero está al completo de su capacidad, con agua y víveres para los cinco días de travesía. Pero Sudamérica sigue atrapándonos con algún tipo de embrujo invisible, y a las pocas millas de haber zarpado, se avería la transmisión del barco. Marc propone hacer la travesía a vela y nos informa de que el trayecto se puede prolongar un par de días más... Por unanimidad aceptamos su propuesta y... ¡Bingo! Serán siete días sin pagar hotel ni restaurante, además de navegar por el Caribe por el mismo precio que volar una hora entre Cartagena y Panamá. Nos acordamos y agradecemos la «mala» suerte que tuvimos al no poder embarcar desde Santa Marta. La escuela del viajar nos sigue enseñando que, si todas las cosas funcionasen como un reloj, nos perderíamos el azar de las sorpresas.

Para salir de la bahía y aprovechar los vientos utilizamos la barca de auxilio, que con su pequeño motor nos impulsa hacia el exterior de la bahía, pero al «embrujo» no lo hemos dejado en el muelle tras zarpar, y una vez fuera de la bahía, no hay ni una triste brisa que impulse las velas. Tras esperar un par de horas, el «capi» decide regresar a puerto e intentar reparar la avería mecánica. Fondeamos en mitad de la bahía con el bote auxiliar y, una vez desmontada la transmisión, vamos a buscar la pieza de recambio. Tenemos suerte, pues la encontramos y tardamos menos de dos horas en volver a montar todo y reemprender la marcha, pero en plan película, aparecen dos lanchas rápidas de los guardacostas colombianos, que nos abordan y, encañonándonos con sus fusiles, empiezan un exhaustivo registro en todo el barco que se prolonga más de cuatro horas. Por suerte, el capitán es honesto y no encuentran nada punible, por lo que nos dejan zarpar al anochecer. En los siguientes días tendremos tiempo para recordar las inolvidables experiencias vividas en estas tierras, con la costa de Sudamérica alejándose en el horizonte...

El paraíso no existe

Además de iniciar este viaje por pura inquietud, intentábamos buscar un lugar donde poder vivir con un mejor equilibrio el tiempo empleado en ganarnos la vida y el tiempo que nos resta para disfrutar de ella de forma cotidiana. Estamos convencidos de que en Europa este equilibrio hace mucho que no existe, debido a la espiral de gastos adquiridos que supone el día a día y que nos obliga a trabajar más horas para poder sufragar los gastos del escaso tiempo de ocio que nos queda. Por ello, durante este viaje estábamos especialmente sensibilizados, analizando en qué lugar podíamos encontrar nuestro «paraíso». Con el transcurso de los kilómetros y los días, este concepto se ha ido simplificando hasta llegar a una conclusión muy básica: el paraíso existe donde cada uno se encuentre a gusto consigo mismo y pueda realizar las actividades que más le reconfortan.

La imagen idílica de una blanca playa caribeña llena de cocoteros se puede convertir, al cabo de unas semanas, en el lugar más aburrido e insoportable del mundo. Obviamente, si uno está unos días de vacaciones en esa playa, descansando de la presión cotidiana del trabajo, le parecerá estar en el Edén, pero si esta situación se prolongase en el tiempo, la rutina y la falta de cambios cotidianos convertirían esa misma playa en un lugar odiado; por lo tanto, hemos deducido que la parte «estética» de nuestro paraíso no es la más importante. Es evidente que el lugar escogido tiene que tener un atractivo acorde con nuestras tendencias, pero ahora éstas son mucho más flexibles. Por otro lado, ha ganado fuerza el hecho de que es más importante para nosotros la tranquilidad y la satisfacción personal, que el lugar donde estemos, y teniendo las necesidades básicas cubiertas nuestro paraíso puede reducirse incluso al espacio de una furgoneta como Lola. No creemos que la felicidad de una persona a la que le guste cultivar el huerto de su casa sea inferior a la satisfacción de alguien que hace un lujoso crucero por el Pacífico, con la desventaja de que el crucero tiene fecha de caducidad y al huerto puede acudir cada día, incluso los días lluviosos, disfrutando sencillamente de sentarse a contemplarlo.

Igual que corríamos el riesgo de que nuestra relación fuera imposible de soportar, por compartir las 24 horas del día dentro de un pequeño espacio... Muy al contrario, esa intensa convivencia durante meses ha conseguido un nivel de amistad y confianza que ha reforzado nuestra relación con una calidad difícilmente alcanzable en otras circunstancias. Teniendo en cuenta que éste era un proyecto personal, María, que ha compartido y comparte inquietudes y pensamientos, se ha hecho cómplice hasta el punto de que esta aventura no habría sido posible «sin ella».

El paraíso no existe, pero «el nuestro» lo hemos encontrado en nosotros mismos, disfrutándolo por muchos y diversos escenarios.

Bienvenidos al paraíso.

Su opinión es importante.
En futuras ediciones, estaremos encantados
de recoger sus comentarios sobre este libro.

Por favor, háganoslas llegar a través de nuestra web:

www.plataformaeditorial.com